Pascal LEPETIT

DU MANUSCRIT AU LIVRE

Guide à destination de l'auteur motivé

DU MANUSCRIT AU LIVRE

Guide à destination de l'auteur motivé

« Pour réussir sa vie, un homme doit faire un enfant, écrire un livre et planter un arbre. »

Compey Segundo

À propos de l'auteur :

Pascal LEPETIT a publié son premier livre en 2023, un roman autobiographique, une ode à l'enracinement sur fond de musique rock. Les chansons s'enchainent en imposant leur thème, ce qui amène les personnages à échanger des considérations et anecdotes en dînant sous les étoiles, un soir d'été à la campagne : **Mélodies, de Delpech à Jagger, un soir d'été dans la Nièvre.**

Une fois son manuscrit rédigé sur Word, il a sollicité 36 maisons d'édition et a découvert un monde particulier, celui des maisons à compte d'éditeur, celles à compte d'auteur, les délais de réponses, les contenus des contrats proposés, la réalité économique de cette aventure littéraire, la possibilité de l'autoédition.

Il a finalement fait le choix de l'autoédition pour des raisons de compétences, de coût et de délais, il souhaitait participer aux deux salons littéraires qui se tenaient dans les semaines suivantes dans son département. Il lui fallait faire vite et le mieux possible.

Il a eu envie de partager cette expérience sous forme d'un guide à destination de l'auteur amateur inconnu et sans relations dans l'univers de l'édition, qui, après avoir écrit chez lui dans le silence studieux de son salon ou de son bureau, se trouve perdu au milieu d'un jeu sans notice : ce guide lui permettra d'y voir un peu plus clair.

SOMMAIRE

INTRODUCTION : 13

PREMIÈRE PARTIE : Les maisons contactées..19

- À compte d'éditeur.........................25
- À compte d'auteur ....…..49

DEUXIÈME PARTIE : les réponses et propositions...................................…….65

- Des maisons à compte d'éditeur...............…..................…..68
- Des maisons à compte d'auteur.......................…...…......…80

TROISIÈME PARTIE :

- L'autoédition 107
- La promotion 109

CONCLUSION...............................…...115

INTRODUCTION

Evidemment, la première étape consiste à rédiger son manuscrit sous format Word.

Vous ne trouverez pas ici de conseils en écriture sur le fond ou le style, je me place à l'étape qui suit la rédaction de ce fameux manuscrit : il existe enfin, il est sur le bureau de votre ordinateur, en police Times New Roman format 12, interligne 1,5.

Il comporte le nombre de signes requis, selon qu'il s'agisse d'une nouvelle, d'un roman ou d'un recueil de poèmes.

Dans le cas de mon manuscrit, j'étais arrivé à un total de 18 228 mots, 106 146 caractères espaces compris : il s'agissait donc d'un roman court, une novella pour les puristes. Elle était complète, achevée, je ne voyais pas l'intérêt de la surcharger pour la faire grossir, j'ai fait le choix de la présenter exempte de termes ronflants inutiles, de descriptions interminables indigestes, j'ai cherché à écrire dans l'esprit de ce que j'aime lire, j'ai pris plaisir à l'écrire, je me suis même fait rire, je l'aimais telle quelle.

Il est convenu de qualifier de roman un ouvrage qui comporte au moins 40 000 mots, entre 300 000 et 600 000 signes espaces compris. Vous trouverez sur le net, en cherchant le nombre de mots requis ou le nombre de pages d'un roman, tous les conseils possibles pour avoir une chance de se faire publier. Mais n'oubliez pas que le premier roman d'Amélie Nothomb, **Hygiène de l'assassin**, ne comporte que 16 501 mots, ce qui ne l'a pas empêché de rencontrer le succès.

Mon roman, **Mélodies de Delpech à Jagger** ne s'est pas beaucoup vendu mais il faut savoir que 100 exemplaires la première année semble être la norme concernant le premier roman d'un auteur inconnu. Pourtant il a plu à ceux qui l'ont lu si j'en crois les retours que j'ai pu avoir par ma famille, mes amis, les habitants de mon village, ceux de mon département, les lecteurs qui ont déposé un avis sur le site Amazon et les journalistes locaux qui ont bien voulu m'inviter dans leur émission après l'avoir lu.

Aujourd'hui, sur le site Amazon, **Mélodies** fait l'objet de 12 évaluations qui m'attribuent une note globale de 4.8 /5 et l'on peut prendre connaissance des commentaires postés :

- **Gigi** : *Magnifique livre , la sensation d'être invité à table , pleins d'anecdotes , j'ai passé un exellent moment !*

- **Harold** : *Un livre très agréable à lire. Pour 13,70€, on a un joli voyage dans le temps entre le Paris et la Nièvre que l'on aime ou que l'on a aimé.*
Un livre témoin d'une époque pas si lointaine qui est vertigineusement différente de celle que l'on connaît.

Et en tant que forestier, foi d'un véritable « homme des arbres » !
Astuce: prenez l'initiative de lancer le titre musical suggéré à chaque chapitre, et laissez vous transporter.

- **Vipak** : *Concept sympathique par l'invitation à la table d'Amelia et Pascal en ce soir d'été dans la Nièvre. Nous avons l'impression de passer la soirée avec eux ☐. Ce petit livre se lit facilement et rapidement mais en musique ! Lecture détente. Bravo!*

- **Tedted** : *Premier à détenir un exemplaire et donc premier à lire la première oeuvre de l'auteur. J'ai passé un très bon moment entre la Côte d'Azur, Paris et le nivernais. Venez donc vous assoir et écouter la discussion passionnée et passionnante des 2 tourtereaux avec un bon verre de vin et découvrir les « gens des arbres »*

- **Client Kindle** : *Merci de m'avoir accueillie à cette table où il y fait bon vivre et d'avoir partagé ces petits instants de bonheur si joliment racontés.*
J'ai lu ce livre avec la sensation d'être à la table de l'auteur et de partager sa bouteille de Bourgogne. A lire sans modération.

- **Martin** : *Roman sympathique*

- **rs** : *J'ai lu Mélodies avec plaisir.*
L'auteur nous embarque dans un voyage musical empreint de nostalgie heureuse.
Autour d'un verre, les personnages évoquent leurs souvenirs : passé et présent se confondent, la préservation des traditions ne peut être que le prolongement logique du bonheur passé !
Plus qu'un simple roman, Mélodies est un cri d'amour à la ruralité et en particulier aux paysages nivernais que l'auteur affectionne tant, sur fond de musique rock.

- **Elisabeth** : *Merci pour cette ode à la vie simple et vraie !*

Sans prétention aucune, c'est donc un manuscrit publiable et commercialisable que j'ai envoyé à 36 maisons d'édition, en parfait novice, mais avec une certaine méthode : j'avais pris la peine d'étudier les ouvrages présentés en rayon dans les librairies locales ou à la FNAC en listant les éditeurs qui m'intéressaient en fonction des thèmes présents dans mon récit : la musique, le rock, la ruralité, l'exode urbain.

Je savais que mon roman comporterait environ 120 pages dans un format assez proche du livre de poche, je n'avais plus qu'à me lancer avec la curiosité et l'enthousiasme du néophyte.

Il me restait une dernière opération à effectuer par précaution. Avant d'envoyer mon manuscrit vers des destinations aussi différentes qu'inconnues pour qu'il soit lu, j'ai procédé à sa **protection intellectuelle** en passant par un site en ligne. J'ai réglé les 15 euros demandés par le site **e-dpo** pour une protection sur 5 années, avec facture, date et numéro de dépôt.

PREMIÈRE PARTIE
LES MAISONS D'ÉDITIONS QUE J'AI CONTACTÉES

Je suis passé voir un ami, Alain, qui vit dans un village voisin du mien et qui pouvait me prodiguer quelques conseils car il avait publié son premier roman l'année précédente.

Autour d'un café, il m'a expliqué sa démarche : il a écrit un récit politique, le thème principal est l'installation d'un califat dans une Europe de 2040. C'est aussi un roman érotique car à chaque chapitre sont décrites de longues scènes de sexe torrides. Et c'est aussi un roman de science-fiction puisque le tout est supervisé par un envoyé extra-terrestre du conseil des planètes. Son roman peut être qualifié de sulfureux, son écriture n'était pas guidée par un souci de bien-pensance parfumée à l'eau de rose. L'objectif d'Alain était de provoquer une réflexion pour faire réagir ses lecteurs

Il avait un contact, la responsable éditoriale d'une maison d'édition parisienne connue, dont le rôle aurait dû consister à placer son manuscrit au-dessus de la pile.

Et pourtant son manuscrit n'a pas été retenu par la maison d'édition en question, peut-être même n'a-t-il pas été lu au-delà de son titre qui déjà le plaçait sur un terrain polémique.

Il s'est alors tourné vers cinq autres maisons d'édition, à compte d'auteur celles-ci : toutes lui ont proposé un contrat. Il a choisi celle qui lui demandait la participation financière la moins importante, soit 800€. Après avoir vendu quelques exemplaires de son livre, référencé dans les réseaux de librairies classiques et les points de vente les plus connus, la FNAC, Cultura, Amazon, sa maison d'édition a été placée en liquidation judiciaire : Alain ne verra pas la couleur du peu d'argent qu'il avait gagné.

Je suis rentré chez moi après lui avoir acheté son livre (quelques exemplaires lui avaient été offerts par son éditeur), en me disant qu'il me fallait solliciter un nombre plus important de maisons d'édition que lui. Je me disais aussi que mon roman était très différent du sien, qu'il était moins clivant, plus divertissant, qu'il avait peut-être plus de chance de se vendre.

Alain m'a aussi expliqué que les maisons d'édition à compte d'éditeur (celles qui ne vous demandent pas d'argent pour vous éditer) ne prennent aucun risque financier et qu'elles n'accompagnent quasiment jamais un premier auteur inconnu dans l'aventure.

Il avait raison, il ne me restait plus qu'à le découvrir.

J'avais écrit mon roman au cours de l'hiver au coin du feu. Le 23 mars fut le premier jour de cette nouvelle aventure : j'ai envoyé mon manuscrit à une première liste d'éditeurs.

Pour ce faire, rien de plus simple, il suffit d'aller sur leur site internet et de suivre leurs instructions à la rubrique « Nous contacter », ou « Soumettre un manuscrit ». J'avais rédigé au préalable deux documents supplémentaires qui vous seront très souvent demandés : une présentation de l'auteur et une description du roman, le synopsis.

En même temps que j'envoyais mes fichiers, je construisais un tableau Excel dans lequel je rentrais la maison d'édition contactée, la date d'envoi, le délai de réponse affiché, les coordonnées du contact qui me répondrait, la réponse reçue, affirmative ou négative, la date de la réponse, le motif de refus, les conditions principales du contrat si accord.

J'ai commencé par les maisons d'édition à compte d'éditeur (celles qui ne vous réclament pas d'argent) puis celles à compte d'auteur (celles qui vous demandent une participation). Cette liste n'est pas exhaustive, il y a des milliers de maisons d'édition en France, il ne s'agit que des maisons d'édition que j'ai contactées, mais elle représente un florilège assez fourni pour pouvoir en tirer quelques conclusions.

J'ai continué à envoyer mes fichiers les jours suivants, jusqu'au 3 avril, pour arriver à la liste suivante de 36 maisons d'édition :

23 maisons à compte d'éditeur : l'Archipel, Au Diable Vauvert, 1001 nuits (Fayard), Le passage, Fleuve Éditions, J'ai lu, Harper Collins, Hugo Poche, Stock, Denoel, Le Tripode, Plon, L'observatoire, Calmann Lévy, City, Le mot et le reste, XO, Marabout, Pulp éditions, Éditions inédits, Castor Astral, Viviane Hamy, Gallimard.

13 maisons à compte d'auteur : Amalthée, Société des écrivains, Édilivre, Éditions de l'Onde, La compagnie littéraire, Generis, Jets d'encre, l'Harmattan, Le Sémaphore, le Lys bleu, les 3 Colonnes, Vérone, Maïa, Atramenta, Prem'edit, Les éditions Baudelaire.

Dans ce tableau apparaissent les délais de réponse annoncés :

À COMPTE D'ÉDITEUR	DELAI	ENVOI
l'Archipel	6 mois	23-mars
Au diable vauvert	6 mois	23-mars
Fayard/ 1001 nuits	4 mois	23-mars
Le passage	Non précisé	23-mars
Éditions fleuve	Non précisé	23-mars
J'ai lu	6 mois	23-mars
Harper Collins	Non précisé	23-mars
Hugo poche	Non précisé	23-mars

Stock	Non précisé	23-mars
Denoel	Non précisé	23-mars
LeTripode	1 mois	28-mars
Plon	Non précisé	28-mars
L'obervatoire	6 mois	28-mars
Calmann Levy	3 mois	28-mars
City	Non précisé	28-mars
Le mot et le reste	Non précisé	28-mars
XO editions	6 mois	28-mars
Marabout	3 mois	28-mars
Pulp éditions	5 semaines	23-mars
Éditions inédits	Non précisé	23-mars
Castor astral	4 mois	23-mars
Viviane Hamy	Non précisé	23-mars
Gallimard	Non précisé	27-mars

À COMPTE D'AUTEUR

Éditions Amalthée	4 semaines	23-mars
Société des écrivains	Non précisé	23-mars
Edilivre	2 semaines	23-mars
Éditions de l'onde	3 semaines	23-mars
Jets d'encre	3 semaines	23-mars
Le Sémaphore	3 semaines	23-mars
Le lys bleu	6 semaines	23-mars
Les 3 colonnes	3 semaines	24-mars
Vérone	3 semaines	23-mars
Maïa éditions	6 semaines	26-mars
Atramenta	1semaine	03-avr
Prem'edit	Non précisé	23-mars
Éditions Baudelaire	3 semaines	23-mars

LES MAISONS D'ÉDITION À COMPTE D'ÉDITEUR.

(Premier contact)

- **L'Archipel.**

Cette maison d'édition fait partie du groupe Editis qui « fédère 55 maisons prestigieuses dans les domaines de la littérature, de l'éducation et de la référence, ainsi qu'une structure permettant la diffusion des ouvrages de plus de 220 éditeurs du groupe Editis ou éditeurs indépendants, et leur distribution. » (Lu sur le site Editis).

Ces 55 maisons sont regroupées autour du logo **_Lisez !_** On y trouve des éditeurs connus tels que Plon, Robert Laffont, Bordas, Le Robert, pour ne citer qu'eux.

Je suis allé sur le site, j'ai cliqué sur l'onglet *Contactez-nous*, pour prendre connaissance des consignes d'envoi :

Pour des raisons pratiques, nous ne prenons connaissance que des manuscrits reçus par mail à l'adresse manuscrits@ecricom.fr, accompagnés d'un résumé détaillé et faisant un minimum de 120 feuillets. Les textes suivants ne sont pas acceptés :

  o *Nouvelles*

- Les textes n'entrant pas dans notre ligne éditoriale (romans d'anticipation, fantasy, SF, jeunesse, poésie, pièces de théâtre, BD).

Envoi de manuscrits : manuscrits@ecricom.fr
Les manuscrits ne répondant pas à ces conditions <u>ne seront pas lus et aucune réponse ne sera envoyée.</u>
<u>AUCUN MANUSCRIT PAPIER N'EST ACCEPTÉ</u> -> il sera immédiatement détruit.
Nous déclinons toute responsabilité en cas de perte, de vol ou d'altération des manuscrits qui nous sont envoyés.

Un peu sec, sans doute par souci de clarté. J'ai envoyé mon manuscrit ainsi que mon synopsis, j'ai alors reçu une réponse automatique plus agréable :

Nous avons bien reçu votre manuscrit et vous en remercions. Nous en prenons connaissance dans les meilleurs délais.
A défaut de réponse sous six mois, merci de considérer que nous ne pouvons pas vous faire de proposition d'édition..

À défaut de réponse sous six mois, merci de considérer que nous ne pouvons pas vous faire de proposition d'édition. Bigre...il allait falloir faire montre de patience, j'allais devoir attendre une hypothétique réponse jusqu'à la fin du mois de septembre.

- **Au Diable Vauvert**

J'ai contacté cette maison pour deux raisons : pour son coté irrévérencieux, punk qui me plaît et le fait que j'avais repéré au cours de mes prospections quelques ouvrages courts, comme le serait mon roman.
Je parlais de musique rock dans le mien, j'ai tenté ma chance.
Sur leur site, j'ai cliqué sur l'onglet *Contactez-nous* pour transmettre mes documents le plus simplement du monde en remplissant un questionnaire et en joignant mes fichiers. Je vous conseille de prendre le temps de lire leur *Présentation et histoire* qui décris l'univers anti-conformiste de la maison.
Là encore, une réponse automatique m'est parvenue, plus humoristique que la précédente :

> *Nous accusons réception de votre manuscrit et vous remercions de votre envoi. Le nombre conséquent de propositions que nous recevons ne nous permet malheureusement pas de répondre en cas de refus : passé un délai d'environ six mois, vous pourrez considérer que votre manuscrit n'a pas été retenu.*
> *Merci de votre compréhension,*
> *Bien diaboliquement,*
> *Les éditions Au diable vauvert*

J'allais devoir attendre peut-être six mois en comptant les jours.

- **Fayard / 1001nuits**

Je commence par visiter le site de la maison. À l'onglet *Soumettre un manuscrit,* il suffit de choisir l'adresse mail qui correspond au genre littéraire de votre œuvre et de leur envoyer par courriel. Vous recevez une réponse automatique :

Nous avons bien reçu votre manuscrit que nous allons examiner avec attention. Nous nous efforcerons de vous communiquer notre réponse dans un délai de quatre mois. En cas de retard éventuel, nous vous serions toutefois reconnaissants d'éviter les relance...

Quatre mois d'attente, c'est un peu plus court cette fois-ci. Et un message clair, ne pas les relancer. Je me suis dit que nombre d'auteurs impatients avaient probablement l'habitude de tenir un siège dans l'espoir de se faire publier.

- **Le Passage**

Cette maison d'édition parisienne indépendante m'a séduit pour son réseau de distribution en librairies indépendantes et la description d'une équipe conviviale de passionnés : j'ai cliqué sur *Contact,* l'envoi de manuscrits se fait uniquement par mail, aucun délai de réponse n'est indiqué, il est précisé que tous les manuscrits reçus sont étudiés et qu'en cas de refus, aucune réponse n'est envoyée.

J'ai alors reçu un message d'erreur m'indiquant que le destinataire avait atteint son quota.

Salut. Il s'agit du programme qmail-send sur mx1.ovh.net .
Je crains de ne pas avoir pu transmettre votre message aux adresses suivantes.
C'est une erreur permanente; J'ai abandonné. Désolé, ça n'a pas marché.
< lepassage-editions.fr-manuscrits@lepassage-editions.fr > :
Utilisation de MySQL ; l'utilisateur a dépassé son quota

   Les problèmes techniques s'en mêlaient, je l'ai mis sur le compte du destin. j'ai continué de contacter les maisons d'édition de ma liste en me disant que je réessaierai peut-être plus tard, ce que j'ai oublié de faire, je l'avoue.

-   **Fleuve Éditions**

   Comme L'Archipel, Fleuve Éditions fait partie du groupe Editis, on retrouve le logo ***Lisez !*** en allant sur le site. Spécialisé dans le roman policier, leur catalogue fait toutefois apparaitre une large palette de publications, dont les romans, et même les romans de terroirs. Mon roman se situant dans la Nièvre et décrivant quelques facettes de ce département rural, je le leur ai envoyé. Sur le site, j'ai cliqué sur *Contactez-nous* :

Votre manuscrit est prêt et vous souhaitez nous l'adresser ? Êtes-vous certain(e)s de vous adresser à la bonne maison ? Voici un moyen sûr de vous y retrouver et surtout, d'être lu(e)s. **Fleuve Editions** *est une maison de littérature générale déclinée à travers quatre grandes tendances :*

- Le roman contemporain
- Le feel good
- Le noir, du polar au thriller
- L'imaginaire, le fantastique, la science-fiction et la fantasy
Nous recevons chaque jour de nombreuses propositions, alors envoyez-nous vos projets en gardant à l'esprit une valeur sûre : soyez singulier, soyez singulière.

Il suffit alors de cliquer sur *Proposer votre manuscrit* pour accéder au formulaire de dépôt de manuscrit. Une fois l'envoi effectué, j'ai recu un mail de confirmation :

Nous vous remercions de nous avoir soumis votre manuscrit Mélodies, de Delpech à Jagger un soir d'été dans la Nièvre.
Il sera examiné avec attention par nos équipes et nous ne manquerons pas de vous contacter par courriel pour vous informer de la suite donnée à votre projet.

C'est carré, courtois, il n'y a pas de mention d'un délai de réponse, mais dans tous les cas je serai informé.

- **J'ai Lu**

J'ai Lu édite dans le format livre de poche. Mal renseigné au sujet des conditions requises j'ai tout de même envoyé mon manuscrit en ignorant que pour avoir une chance d'être publié, il fallait au préalable avoir rencontré le succès sur les premiers tirages en format classique. Lu sur le site :

*Nous vous informons que nous traitons les envois de manuscrits **par voie électronique uniquement** et lorsqu'ils concernent les domaines du **feel good, de la comédie romantique et de la romance**. Après réception, nous ne vous recontacterons que dans le cas où nous souhaiterions donner suite à votre projet. Merci et bonne chance dans votre démarche.*

Le feel good étant un genre littéraire qui procure du bonheur, j'ai envoyé mon roman jubilatoire sans hésiter. Là, ni mail de confirmation, ni délai affiché. Combien de temps faudrait-il attendre avant d'être certain d'être refusé ? Aucune idée.

- **Harper Collins**

J'avais repéré cette maison d'édition pour certains ouvrages édités par ses soins et présents au rayon Musique à la FNAC. Mon roman se lisant comme on écoute des titres musicaux qui s'enchainent, j'ai tenté ma chance.

Sur leur site vous trouverez l'onglet *Auteurs, déposez un manuscrit*, une question apparait, *Êtes-vous certain(e)s de vous adresser à la bonne maison ?*

On vous assure que vous serez lu, vous remplissez le formulaire de contact, biographie et bibliographie, vous transmettez votre manuscrit au format PDF, doc ou docx. L'accusé de réception arrive en retours par mail :

Nous vous remercions de nous avoir soumis votre manuscrit Mélodies, de Delpech à Jagger un soir d'été dans la Nièvre.
Il sera examiné avec attention et nous ne manquerons pas de vous contacter par email pour vous informer de la suite donnée à votre projet.

Le délai de réponse n'est pas indiqué mais je verrais bien mon roman dans cette maison !

- **Hugo Poche**

Les univers sont variés dans cette maison d'édition, il existe notamment la catégorie romans ; sur le site, je clique sur *Contactez-nous* puis *Envoyez-nous votre manuscrit* où l'on me propose trois départements qui chacun ont une adresse mail dédiée : Hugo Sport, Hugo Thrillers, et Tous les autres.

Une indication sur la suite des évènements :

Sans réponse favorable de notre part dans un délai de trois mois, veuillez considérer que votre manuscrit n'a malheureusement pas été retenu.

　Je continue à remplir mon tableau Excel en indiquant le délai de trois mois : c'est l'un des plus courts pour le moment mais ça m'emmène quand même à la fin du mois de juin.

- **Stock**

　Nous accédons à un autre univers. Stock est la doyenne des maisons d'édition parisiennes et pourtant sa stratégie commerciale est disons…moderne.

　Sur le site, je clique sur *Manuscrits* , puis *Oeuvre de non fiction* et là je me trouve dirigé vers la page **Édith & Nous « *Là où les belles histoires commencent* »**

　Il faut créer un compte d'auteur. Après avoir transmis mon manuscrit je reçois l'accusé de reception :

Nous vous confirmons la création de votre compte Auteur Édith & Nous.
Vous pouvez maintenant créer votre profil Auteur,

protéger vos textes (sans limitation de durée) et les présenter à plusieurs dizaines d'éditeurs.

Nous sommes donc sur une plateforme qui sous-traite la transmission du manuscrit à plusieurs dizaines d'éditeurs. Je suis devenu allergique aux méthodes marketing en usage dans d'autres domaines tels que la téléphonie mobile ou l'énergie. En effet trois jours plus tard, je reçois un autre mail :

Vous avez déposé votre manuscrit avec succès sur Édith & Nous : tous nos éditeurs partenaires peuvent désormais vous lire !

*Saviez-vous qu'**en passant au Premium**, vous pourrez :*

- ***Compléter votre profil Auteur** (les profils complets sont 2,7 fois plus consultés par les éditeurs)*
- *Bénéficier automatiquement de **50 € de réduction** sur nos services de relecture*
- ***Protéger vos œuvres** en cas de litige*
- *Connaître **le nom des maisons d'édition** qui consultent votre manuscrit*
- *Présenter jusqu'à **10 manuscrits** (pourquoi vous arrêtez en si bon chemin ?)*

C'est à vous de jouer !

Je me dis que sans souscrire à un certain nombre d'options payantes je ne risque pas dêtre édité. Tant pis pour moi, je passe !

- **Denoël**

Cette maison a édité René Fallet dès ses débuts, je n'ai pu résister à la solliciter en tant qu'amoureux de l'œuvre de l'auteur bourbonnais. Je suis allé sur le site et j'ai transmis mon manuscrit en prenant note des modalités :

MANUSCRITS

Avant de nous adresser votre manuscrit, nous vous recommandons de consulter la ligne éditoriale de notre maison sur notre site internet.

LES MANUSCRITS ADRESSÉS PAR COURRIER NE SERONT NI PRIS EN COMPTE NI RETOURNÉS. *Par souci de préservation de l'environnement, veuillez envoyer votre manuscrit par mail uniquement à l'adresse : manuscrits@denoel.fr (Les manuscrits envoyés à une autre adresse ne seront pas examinés.) Merci de joindre impérativement une lettre de présentation de votre projet, où seront également indiquées vos coordonnées complètes. Nous n'étudions pas les simples synopsis ou extraits, le manuscrit devra* *être envoyé dans sa totalité. Ce dernier devra être constitué d'un seul fichier (soit au format Microsoft Word avec l'extension .doc ou .rtf, soit au format PDF d'Adobe Acrobat avec l'extension .pdf). Vous pouvez également joindre un chapitrage détaillé, plus tout extrait que vous jugerez caractéristique. Le comité de lecture se réserve le droit de ne pas examiner les fichiers qui ne respecteraient pas ces critères.*

Nous ne répondons pas aux manuscrits non retenus. Si vous ne recevez pas de réponse dans un délai de trois mois, c'est que le texte n'a pas retenu notre attention – il est donc inutile de nous relancer par téléphone ou par email. Enfin malheureusement nous n'avons pas le temps de fournir des avis, ni des conseils.

C'est parti pour 3 mois d'attente !

- **Le Tripode**

Cette Jeune maison d'édition a été créée en 2012, j'ai tenté ma chance après avoir parcouru une seconde fois le rayon littérature de la FNAC à Dijon. Le site internet est très sobre, moderne, efficace.

J'ai cliqué sur *La Maison d'Édition* puis *Manuscrits* :

MANUSCRIT

*Le Tripode ne lit que les manuscrits **envoyés par mail**, à l'adresse : manuscrits@le-tripode.net*
Le délai de lecture est d'un mois.
Nous ne faisons pas de retour pour les manuscrits non retenus.

Dans un mois, je serai fixé, très bien !

- **Plon**

Comme L'Archipel et Fleuve Éditions, Plon fait partie du groupe Editis, on retrouve le logo ***Lisez !*** sur leur site, leur mode opératoire est similaire :

Contactez-nous, puis *Service des manuscrits* où apparait le modus operandi :

SERVICE DES MANUSCRITS
Nous serons heureux de lire vos textes, si vous pensez qu'ils correspondent à notre ligne éditoriale.

Plon est une maison d'édition généraliste qui publie :

- De la littérature (romans, nouvelles, romans noirs et thrillers, romans historiques)

- De la non-fiction (documents, essais, témoignages, ouvrages politiques)

Si vous souhaitez nous soumettre votre texte, rendez-vous sur la page dédiée aux dépôts de manuscrits. Après avoir rempli un formulaire de présentation de votre projet, vous pourrez envoyer votre manuscrit au format PDF ou Word. Nous recevrons immédiatement une notification, ce qui nous permettra de vous lire et de vous répondre dans les meilleurs délais.

Déposez votre manuscrit

Je m'éxécute et effectivement je reçois l'accusé de réception sans précision sur le délai de réponse.

- **L'Observatoire**

Cette maison d'édition parisienne fait partie du groupe Humensis plutôt tourné vers l'enseignement et l'éducation et publie des ouvrages à destination notamment des chercheurs et enseignants, plus généralement dans le domaine de la connaissance : on trouve aussi dans ce groupe des valeurs sûres telles que **PUF** ou **Que sais-je ?**

L'Observatoire possède son propre site, et se définit comme étant une maison d'édition généraliste :

Maison d'édition généraliste, les Éditions de l'Observatoire ont pour ambition de publier des livres témoins de notre société.

En accueillant essais, documents, romans français et étrangers, notre catalogue se veut un espace privilégié de réflexion dans un monde qui s'accélère.

Parce qu'il croit au livre, à son pouvoir et à sa pérennité, l'Observatoire se propose de lui rendre sa place au cœur du bouillonnement des savoirs et des idées, de repérer les mouvements à l'oeuvre pour saisir l'esprit de notre époque et anticiper celui de demain.

Pour déposer son manuscrit, j'ai refait le cheminement qui semble-t-il a un peu changé au moment où je rédige ce guide. Aujourd'hui, il suffit d'envoyer son manuscrit, son synopsis et sa fiche de présentation d'auteur directement à leur adresse mail, sur le site en cliquant sur *Nous contacter*.

J'ai reçu un accusé de reception, sans plus de précision, nous verrons plus loin que la réponse fut rapide.

- **Calmann Lévy**

Encore une maison d'édition que j'ai choisie après avoir recensé quelques ouvrages littéraires intéressants présents physiquement à la FNAC : sur le site, *Comment soumettre un manuscrit* :

COMMENT SOUMETTRE UN MANUSCRIT ?

NOUS SERONS HEUREUX DE LIRE VOS TEXTES, SI VOUS PENSEZ QU'ILS CORRESPONDENT À NOTRE LIGNE ÉDITORIALE. PAR EXEMPLE, NOUS N'AVONS PAS POUR PROJET DE PUBLIER DE POÉSIE, DE THÉÂTRE, NI DE THÈSES.

Nous n'acceptons plus les manuscrits envoyés par courrier postal.
Dans quel délai recevrez-vous une réponse ?
Dans la mesure du possible, nous nous efforçons de répondre dans un délai de trois mois.

Je rentre dans les critères avec mon roman, j'envoie en prenant note du délai de 3 mois.

- **City**

City est une maison d'édition généraliste située dans l'Eure, on trouve en rayon ses publications dont les couvertures m'ont plu par leur graphisme moderne. Le site est simple, clair, il est très facile de trouver les informations recherchées, j'ai cliqué sur *Vous écrivez ?*

Vous pouvez proposer vos manuscrits dans les domaines suivants :

- *des documents d'actualité (enquêtes, témoignages...)*
- *des biographies sur des personnages dans l'actualité (artiste, personnalité de la société française...)*
- *des Romans (comédies, policiers, thrillers, historiques...)*
- *des biographies historiques (sur des événements, des périodes ou des personnages)*
- *des livres pratiques (sociologie, , bien-être etc...)*

- *des biographies historiques (sur des événements, des périodes ou des personnages)*
- *des livres pratiques (psychologie, bien-être, etc...)*

Si vous écrivez des œuvres dans ces domaines, c'est avec plaisir que le comité de lecture lira votre manuscrit.
Pour ce faire, merci de l'envoyer au format Word (ou équivalent) à l'adresse
suivante : cityeditions@gmail.com Afin de favoriser son étude, nous avons besoin, en plus du manuscrit complet, d'un résumé détaillé ainsi que d'une courte biographie de l'auteur. Au vu de la quantité de manuscrits réceptionnés, il nous est impossible d'accuser réception de ceux-ci ni d'aviser individuellement les auteurs d'une décision éditoriale défavorable. Il est à considérer qu'au-delà d'un délai de trois mois, le manuscrit n'a pas été retenu. En cas d'acceptation du projet, vous serez contacté.

C'est fait, là encore je me projette sur 3 mois d'attente.

- **Le mot et le reste**

Cette maison marseillaise est notamment spécialisée dans l'histoire de la musique, sans distinction de genre ou d'époque. Après avoir feuilleté quelques ouvrages en librairie, je me suis rendu sur son site qui lui est inscrit dans son époque : **Le mot et le reste** est présent sur Facebook, sur Instagram où les parutions sont présentées et défendues.

Onglet *Contact* puis *Manuscrits*, prise en compte du message explicatif :

Avant tout envoi de manuscrit, merci d'étudier notre catalogue et de vous assurer que votre texte fasse écho aux thèmes que nous travaillons.

Nous n'acceptons que des manuscrits sous forme numérique.
Merci de les adresser à : direction@lemotetlereste.com

Nous étudions tous les manuscrits reçus mais ne donnons aucune réponse aux manuscrits non-retenus.

Pas de délai annoncé.

- **XO**

La vocation des Éditions XO, lancées début 2000 par Bernard Fixot, est à la fois simple et ambitieuse. Simple parce qu'il s'agit de publier peu de livres, afin de prendre le temps de s'en occuper ; ambitieuse, car Bernard Fixot souhaite toucher un large public, tant à l'intérieur qu'à l'extérieur des frontières françaises. Pari tenu, 21 ans après : sur 469 titres publiés, 70% ont figuré sur les listes des meilleures ventes et 60% ont été largement vendus à l'international.

Le site indique la couleur, nous avons affaire à une maison dynamique.

Le créateur de cette maison d'édition moderne est un autodidacte au parcours intéressant, les couvertures des livres édités sont attrayantes, le site est facile d'accès, envoyer un manuscrit passe par le renseignement d'une fiche classique : coordonnées, biographie, bibliographie, synopsis, manuscrit sous Word ou PDF.
Un délai de lecture de 6 mois environ et une réponse par courriel sont indiqués. Nous verrons que ce sera beaucoup plus rapide.

- **Marabout**

Marabout fait aujourd'hui partie du groupe Hachette, c'est une maison d'édition du livre pratique dans des domaines divers tels que cuisine, santé, nature et jardin, pop culture.

Je tente ma chance en visant cette dernière catégorie, conscient dêtre un peu hors sujet sur le fond, mon roman n'étant pas un guide, même s'il regroupe à mon sens quelques recettes de bonheur simple.

Sur le site, *Notre maison* puis *Envoyer un manuscrit* il suffit de suivre les instructions :

Nous souhaiterions recevoir en fichiers PDF les éléments suivants :
• Une note d'intention (présentation du projet)
• Une présentation de l'auteur
• Le synopsis de l'ouvrage (plan détaillé)

Toute demande ne présentant pas ces trois documents ne pourra être étudiée.
Sans réponse de notre part dans un délai de trois mois, vous pouvez considérer que votre manuscrit n'a pas été retenu. Nous souhaitons à votre projet tout le succès qu'il mérite.

3 mois de délais, c'est noté.

- **Pulp Éditions**

J'avais lu sur un forum d'auteurs que cette maison donnait sa chance aux auteurs de nouvelles ; mon roman étant court, j'ai pris contact. Pulp est une jeune maison d'édition indépendante parisienne qui étudiera vos manuscrits envoyés imprimés par la poste ou sous format word ou PDF envoyé par mail.

N'hésitez pas à prendre contact avec nous : nous pouvons peut-être publier votre manuscrit.
Notre comité de lecture lit et sélectionne les manuscrits en fonction de notre programme éditorial, dans les genres littéraires suivant :

- *Roman historique*
- *Roman policier*
- *Recueil de nouvelles*
- *Roman jeunesse*
- *Album jeunesse*

Nous publions à compte d'éditeur, avec contrat d'édition relevant du droit d'auteur, dans un format papier classique et/ ou numérique sous forme d'Ebook.

Le délai de réponse moyen annoncé est de 5 semaines, ce qui représente un record de rapidité.

- **Éditions Inédits**

    Là encore, j'avais lu que cette maison d'édition au concept original, l'écriture à plusieurs dans le cadre d'un évènement ou d'une histoire familiale, d'une expérience pédagogique ou d'un projet d'entreprise, proposait aussi d'éditer des romans ou nouvelles.

Sur le site apparait aussi l'activité édition :

Inédits, c'est aussi une maison d'édition.

Recueils de nouvelles, romans jeunesse, noir, polars, photographie : Inédits publie aussi des ouvrages à compte d'éditeur.

Une adresse mail apparait, à laquelle j'envoie mon manuscrit, mon synopsis et ma biographie, sans plus de précision sur leur devenir.

- **Castor Astral**

Mes recherches sur différents forums avaient désigné cette maison d'édition comme étant réceptive à l'envoi d'un premier roman de littérature française, je suis allé sur leur site, j'ai lu l'historique maison et j'ai trouvé une indication intéressante :

Loin des préoccupations des « grandes » maisons d'édition inféodées à la rentabilité forcenée, Le Castor Astral publie avec passion et plaisir, cherchant à instaurer des liens privilégiés avec ses auteurs et ses lecteurs.

Pour transmettre son manuscrit, il suffit de l'envoyer en PDF à l'adresse mail indiquée : un accusé de reception vous est retourné :

Bonjour,
Nous avons bien reçu votre votre manuscrit. Sans réponse de notre part sous 4 mois à compter de la date de réception, votre manuscrit sera considéré comme refusé.
La maison n'est pas responsable des fichiers qui lui sont confiés. En cas de refus, nous conserverons le fichier seulement un mois après la date limite de réponse.
Cordialement,
Le comité de lecture

Je continue à remplir mon tableau Excel, j'ai 4 mois à attendre une éventuelle réponse, jusqu'à la fin du mois de juillet.

- **Viviane Hamy**

J'avais retenu cette maison d'édition après avoir acheté le premier roman d'un jeune auteur parisien d'origine nivernaise à l'occasion d'un salon du livre qui se tient chaque année dans mon village depuis 8 ans. Le roman en soi ne m'avait pas déplu sans être un chef-d'œuvre, le livre dans sa conception était de qualité assez moyenne, je me disais que mon manuscrit avait quelques chances de retenir l'attention de la maison.

La seule option possible est d'imprimer son manuscrit et de l'envoyer par la poste à l'adresse parisienne de cette maison : en format A4, mon roman comportait une cinquantaine de feuillets seulement, le coût de l'envoi et de l'impression restaient raisonnables. J'ai transmis mon manuscrit à l'adresse indiquée, accompagné d'un mot explicatif pour situer ma démarche en tant qu'auteur d'un premier roman pas très éloigné de celui que j'avais acheté et lu, publié par **Viviane Hamy**. Selon les instructions, j'avais pris soin de joindre une autre enveloppe timbrée pour qu'on me renvoie mon manuscrit après lecture.

Il ne me restait plus qu'à attendre d'être contacté ou de recevoir mon manuscrit par retour de courrier.

- **Gallimard**

Gallimard est pour beaucoups la référence de l'édition littéraire, j'ai une amie auteur qui plaisante à ce sujet en déclarant que pour elle c'était Gallimard ou rien. Elle s'est tournée finalement vers l'autoédition.

Gallimard est située rue Gaston Gallimard à Paris, c'est tout un symbole : le catalogue est fourni et prestigieux, dans des domaines variés dont la littérature française. J'ai vérifié sur le site que l'envoi d'un manuscrit se faisait uniquement par courrier postal.

Comme pour les éditions Viane Hamy, je l'ai imprimé et expédié pour un peu plus de 10 €, heureusement que toutes les maisons d'édition ne procèdent pas ainsi, mon budget prospection se serait élevé à plus de 500 € !

LES MAISONS D'ÉDITION À COMPTE D'AUTEUR.

(Premier contact)

- **Éditions Amalthée / Bergame**

Nous entrons dans un autre univers, celui des maisons à compte d'auteur : le délai de lecture est très court, 3 semaines ; le réseau de distribution en librairie est affiché en figure de proue, il s'agit de Hachette Livre, l'onglet *Publier votre livre* est inratable.

Le manuscrit que vous leur envoyez peut être très court, à partir de 20 pages en format A4, les coordonnées sont visibles, tout a l'air soudain plus facile.

*Votre manuscrit doit être **complet** (faute de quoi il ne sera pas étudié) et comporter **un minimum de 20 pages** au format A4.*
*– Il doit être transmis en **un seul fichier** comportant l'ensemble de vos écrits (et des illustrations, le cas échéant) sous format Word, Works ou Open Office.*

– *Les fichiers PDF ne sont **pas acceptés**. Les fichiers sous **format word** sont à privilégier.*
Vous recevrez l'avis de notre comité de lecture sous 3 semaines.
Je recois immédiatement un accusé de reception :
Nous avons bien reçu le formulaire ainsi que le fichier de votre manuscrit et vous remercions de nous le présenter. Nous vous communiquerons sous trois à quatre semaines environ l'avis émis au terme de la sélection. Il s'agit du délai nécessaire à un examen sérieux de votre ouvrage.
Si cet avis est favorable, il sera accompagné d'une offre de publication précisant les modalités proposées. Notre formule participative prévoit que l'auteur finance en partie le coût de la publication, incluant la promotion auprès des libraires et médias. Nos parutions bénéficient d'une distribution nationale en librairies grâce à notre partenaire Hachette Livre et sont référencées sur les sites Internet les plus actifs.

Le message est limpide, la formule est « participative » autrement dit il faudra mettre la main à la poche pour être édité. Reste à savoir combien et pour quels services.

- **Société des Écrivains / Publibook**

Là encore tout est plus facile : le site internet est attractif, 4 collections sont proposées en fonction du style de l'ouvrage. La relecture, l'impression, la diffusion, la promotion, la distribution et la participation à des évènements sont assurés par la maison.

Le modèle d'édition est décrit : *Nous proposons un contrat d'édition accompagné de services d'édition de qualité. Après lecture de votre manuscrit par notre comité (un délai de 8 à 10 jours est nécessaire), et sous réserve d'un avis favorable à sa publication, nous vous contacterons pour vous soumettre une proposition de contrat d'édition et vous détailler les services et coûts associés.*

Je serai donc probablement recontacté très rapidement (8 à 10 jours), j'aurai l'occasion de me pencher sur le contrat proposé. Nous verrons que ce sera même plus rapide.

- **Edilivre**

Le site annonce la couleur, **Edilivre** est une maison d'édition ouverte à tous :

Edilivre est une maison d'édition alternative qui regroupe plus de 30 000 auteurs. Alliant les avantages de l'auto-édition et de l'édition traditionnelle, elle donne sa chance à tous, après étude de chaque manuscrit par son comité de lecture.

Plus loin sur le site apparait la marche à suivre :

Pour soumettre un manuscrit à notre comité de sélection, merci de renseigner les champs ci-dessous et de le joindre au format .doc, .odt, .rtf. Veillez à ce qu'il soit complet et définitif, au format A4, police Time New Roman, taille 12, interligne 1,5. Votre manuscrit doit impérativement faire plus de 40 pages.
*Nous reviendrons vers vous d'ici **2 à 3 semaines** pour vous faire fart de l'avis de notre comité.*

Les coordonées de contact apparaissent, le délai est court, sur cette même page figurent les enseignes des plus gros distributeurs en ligne et en librairies : FNAC, Amazon, Kobo, Espace culturel Leclerc, Chapitre.com, Decitre, les libraires.fr, I Books, DiliCOM, Cultura.

Des services d'accompagnement facturés sont proposés (aide à l'écriture, couverture) pour *Magnifier votre publication.*

- **Éditions de l'onde**

Aucune ambiguité sur le site de cette maison qui a 15 ans d'existence :

Nous nous considérons comme une « maison d'édition participative et sélective »

L'auteur prend financièrement en charge une part de la réalisation de son livre. En contrepartie, il bénéficie d'une approche qualitative dans l'édition et la diffusion de son ouvrage. De la correction du texte à la diffusion en librairie, tous les travaux sont réalisés par des professionnels ayant pour objectif de donner à l'auteur les moyens de trouver son public de lecteurs.
Notre comité de lecture étudie attentivement toute proposition de manuscrit, avec pour mission de fournir une réponse rapide et personnalisée aux auteurs, quelle que soit la décision.

Pour envoyer son manuscrit, c'est au choix par courrier, par mail ou par le site. Je suis passé par le site, l'accusé de reception ne s'est pas fait attendre :

J'accuse réception de votre manuscrit et vous remercie de votre confiance.
Je vais m'assurer qu'il peut trouver sa place dans une de nos collections. Si c'est le cas, je vous reviendrai d'ici quelques jours pour faire davantage connaissance.
Je le transmettrai ensuite à notre comité de lecture qui se prononce en général sous une à deux semaines…

La communication a été agréable avec cette maison, nous y reviendrons plus loin.

- **Jets d'encre**

Sur le site de **Jets d'encre** l'onglet *Envoyer un manuscrit* est apparent en haut à gauche de la page d'accueil : pas de fioritures, on est là pour voir son manuscrit publié.

En naviguant un peu sur le site, on découvre un argumentaire réaliste qui vise à vous convaincre de choisir cette maison plutôt que de perdre votre temps à attendre un réponse d'une maison à compte d'éditeur, ou plutôt que de vous trouver en difficulté face aux multiples compétences à acquérir pour pouvoir vous lancer dans l'autoédition.

Plutôt bien fait et transparent, j'envoie mon manuscrit, je reçois l'accusé de réception :
J'ai le plaisir de vous informer que votre manuscrit est actuellement entre les mains de notre comité de lecture et que nous serons très prochainement en mesure de vous faire un retour...

Il ne me reste plus qu'à attendre la facture.

- **Le Sémaphore**

Cette maison semble faire du roman historique sa spécialité, cependant le catalogue fait mention entre autres genres, du roman. Sachant qu'en écrivant mon récit contemporain m'est venu à l'idée une suite sous forme d'un roman historique, j'ai coché **Le Sémaphore** dans mes choix.

Fidèles à son histoire, en harmonie avec l'actualité, les Éditions Le Sémaphore traversent depuis sa création, l'histoire savante avec l'histoire vivante, et se distinguent de publier les grands protagonistes d'hier, d'aujourd'hui… et de demain.

À noter que la consultation du site ne permet pas de déterminer si cette maison d'édition est à compte d'éditeur ou d'auteur.

J'ai transmis mon manuscrit en ligne en m'assurant de respecter les critères (plus de trente pages au format A4, fichier Word) et en prenant note d'un retour sous 2 à 3 semaines : nous verrons que la réponse fut extrêmement rapide, **Le Sémaphore** a établi le record en me répondant le jour même par un coup de fil de son directeur.

- **Le Lys Bleu**

Le site internet du **Lys Bleu** mérite une visite soignée car il est fourni ; il faut savoir chercher l'information qui finalement apparaît en ouvrant l'onglet *Vos questions nos réponses.*

À la question : *ÊTES-VOUS DES ÉDITEURS À COMPTE D'ÉDITEUR ?* apparaît une réponse sous forme de progression argumentaire qu'il convient d'analyser. **Le Lys Bleu** nous explique qu'il existe trois types d'éditeurs, qu'ils font pour leur part partie des maisons à compte d'éditeur mais qu'il vous faut participer à la promotion de votre ouvrage en acquérant 40 exemplaires à prix remisé. L'argumentaire se termine ainsi :

Voici 10 ans encore, il était de notoriété publique qu'un éditeur à compte d'éditeur ne devait jamais demander le moindre centime à son auteur, ce n'est plus vrai. Notre modèle, novateur, est différent mais il ne remet pas en cause l'essentiel : que de beaux livres sont publiés, à des prix leur permettant de trouver leur lectorat et avec une promotion leur permettant d'être vus et donc achetés. Nous sommes fiers de découvrir chaque jour de nouveaux talents littéraires qui ont écrit de beaux textes et de donner aux auteurs retenus l'opportunité d'être publiés.

Autrement dit l'édition à compte d'éditeur a changé, aujourd'hui il vous faut participer financièrement.

J'envoie mon manuscrit par curiosité en me disant que vendre 40 livres dans son entourage est une entreprise réalisable. Une réponse sous 40 jours est indiquée sur le formulaire d'envoi.

- **Les 3 Colonnes**

Le site est clair, vous ne pouvez rater l'onglet *J'envoie mon manuscrit.*

En naviguant un peu il apparaît que tous les styles littéraires sont la bienvenue : *roman, autobiographie, nouvelle, recueil de poèmes, essai, témoignage, etc...*

Nous prenons l'engagement de vous faire un retour sous une quinzaine de jours.

Au plaisir de vous lire...

Enfin, à la rubrique *Qui sommes-nous ?*, nous aurons l'information qu'il s'agit d'une maison d'édition « participative ».

J'envoie mon manuscrit directement par le site en prenant note du délai de retour annoncé de 15 jours.

- **Vérone**

La recherche sur Google est révélatrice, vous tapez *Éditions Vérone* et vous voyez apparaître en premier choix *Éditions Vérone / Vous souhaitez être publié ?*
La réponse étant oui, je me rends sur le site.
La similitude avec **Les 3 Colonnes** est frappante dans la présentation et l'orientation littéraire de la maison : c'est éclectique et il s'agit de découvrir de nouveaux auteurs. La différence sur la forme c'est qu'il est précisé que la responsable éditoriale vous répondra directement sous 15 jours.

J'envoie mon manuscrit et reçois l'accusé de réception, je recevrai aussi très rapidement comme annoncé un premier mail d'accroche, signé comme prévu par la directrice éditoriale.

- **Maïa éditions**

Le site de **Maïa éditions** ne permet pas de situer la maison : à compte d'éditeur ou à compte d'auteur ?
En consultant le catalogue, on peut lire que *Nos collections explorent tous les champs de l'écriture* ce qui pourrait être une première indication puisque les maisons à compte d'auteur sont le plus souvent éclectiques dans leurs choix.

Pour la distribution, toujours sur le site, on peut vérifier que *Nos livres sont distribués par Dilicom pour les librairies physiques, par les plus grands libraires numériques (Amazon, Fnac, Cultura, Espaces culturels Leclerc, Decitre, Chapitre.com, etc.), par la vente à domicile et par notre propre site web où nos livres peuvent être livrés gratuitement dans le monde entier.*

Pour transmettre son manuscrit il faut chercher un peu, cliquer sur *Contact,* puis trouver le lien *si vous êtes auteur*. Rien de compliqué mais le formulaire de dépôt ne vous saute pas aux yeux dès la visite du site.
Le lendemain je reçois un mail signé de la Secrétaire du Directeur Général de la maison, qui m'indique que mon livre est retenu pour ensuite être évalué par le comité de lecture, qu'il pourrait s'insérer dans l'une des collections et une précision :
Si vous receviez une offre d'un autre éditeur avant que notre réponse ne vous soit parvenue, je vous invite à ne rien signer en attendant notre éventuelle proposition, afin de ne pas manquer une opportunité de collaboration commune.

La pression monte, le délai de réponse annoncé se situe entre 2 et 6 semaines.

- **Atramenta**

Difficile de situer cette maison dont l'adresse est en Finlande mais qui semble française et dont le site est hébergé en Allemagne : on est semble-t-il dans le domaine de l'autoédition encadrée car certains services vous sont proposés sous forme d'options payantes ; sur le site, Atramenta se définit comme étant *Une communauté littéraire en ligne.*
Les tarifs affichés sont raisonnables, qu'il s'agisse de publier un ebook payant (ce n'est pas ma recherche première) ou un livre papier où deux formules apparaissent : publication basique et publication complète.
Cette dernière formule est affichée au prix de 149 €, avec *Encadrement et conseils, ISBN fourni* (l'immatriculation du livre), *Dépôt légal (*à la Bibliothèque nationale)*, vente sur leur site, vente sur Amazon et Fnac.com, vente en librairie, livraison partout dans le monde, tirage illimité, exemplaire auteur à tarif réduit, 1 exemplaire auteur offert, le tout pour 5 années de disponibilité.*

Alléchant. Une distribution Hachette livre est proposée en supplément à 50 € et si vous choisissez d'ajouter la publication ebook, il faudra s'acquitter de 19 € supplémentaires.
Autrement dit j'ai une estimation à 218 € pour être distribué partout pendant 5 ans.
Altramenta propose aussi d'intégrer un forum de discussion pour se faire connaitre d'autres auteurs et de faciliter sa notoriété en publiant en lecture libre les textes de son choix.
Tout en me disant que la partie promotion semble être inexistante, ce qui semble logique à ce prix, j'envoie mon

manuscrit en prenant note d'un délai de réponse de 1 à 5 jours.
L'accusé de réception ne se fait pas attendre :

Nous vous remercions de votre intéret pour nos services de publication. Nous vous répondrons au plus vite.
Votre demande de publication sera traitée en trois grandes étapes :
1) Vérification de votre manuscrit. Acceptation ou non de publier et conseils et préparatifs si le manuscrit doit encore être retravaillé.
2) Mise au point du prix de vente et préparation de la couverture.
3) Présentation d'un récapitulatif complet à vérifier soigneusement et valider (fichiers d'impression, prix de vente et gains, contrat...)
L'édition ebook sera préparée après finalisation de l'édition papier. Les étapes seront :
1) Mise au point du prix de vente et préparation des ebooks (PDF, EPUB et Kindle) par notre équipe
2) Présentation d'un récapitulatif complet à vérifier soigneusement et valider

Tout semble clair pour le moment, je n'ai plus qu'à attendre la proposition chiffrée.

- **Prem'edit**

La page d'accueil du site de **Prem'edit** est peu fournie en explications, elle m'incite à chercher un peu plus d'information en ouvrant l'onglet *Comment ça marche ?*

Le petit éditeur qui voulait changer le monde de l'édition

Et si le monde de l'édition changeait ? Et si le lecteur pouvait vraiment choisir les auteurs édités ? Et si les nouveaux talents avaient enfin une chance de sortir de l'ombre ?
Chez Prem'Edit, nous avons décidé de casser les codes de l'édition, en jouant la carte de la proximité géographique et en offrant la possibilité au public de choisir vraiment. Nous sommes persuadés que des dizaines de talents locaux restent dans l'ombre, que des manuscrits formidables se cachent dans les tiroirs. Il est temps de leur donner une vraie chance. Ils seront choisis par un comité de lecture élargi, composé d'amoureux de lecture. Constituée de passionnés, la petite équipe de Prem'Edit vous invite à rejoindre cette grande aventure en intégrant notre comité de lecture citoyen.

Prem'edit met le doigt sur le sujet : l'auteur lambda est ignoré par les maisons d'édition à compte d'éditeur, ici on lui donne sa chance. Votre manuscrit est peut-êtrez formidable, votre talent sera enfin reconnu. C'est habile, c'est exactement ce que j'avais envie de lire.
Je me rends sur l'espace auteur pour prendre connaissance des modalités de séléction, sachez que le début de votre texte sera publié dans un groupe privé sur la page Facebook de la maison qui regroupe 380 personnes, sans que votre nom apparaisse. Si le texte leur

plait, il sera alors lu en intégralité par plusieurs membres du jury (un à trois mois supplémentaires), c'est au terme de ce processus que **Prem'Edit** prendra une décision définitive.

Le concept est intéressant , même si la réponse peut mettre 2 à 4 mois à vous parvenir après envoi du manuscrit par mail. A ce stade, pas d'indication sur une participation financière ou non en cas de sélection. Ma curiosité est en éveil, j'envoie mon manuscrit à l'adresse mail indiquée.

- **Éditions Baudelaire**

Changement de style avec cette maison qui se positionne dans l'excellence : le site est soigné et complet, le catalogue est fourni, il y a un onglet presse (ils parlent de nous), il y a des interviews d'auteurs sous forme de vidéos, le processus de publication est décrit dans toutes ses étapes. À plusieurs reprises apparait la volonté d'inclure l'auteur dans le processus, sa collaboration, son investissement sont incontournables : cette maison me semble donc être à compte d'auteur, la suite me le confirmera.
Envoyez votre manuscrit se détache du reste sur la page d'accueil car l'onglet est en couleur. Le service manuscrit examine alors le vôtre sous 7 jours et vous donne une réponse sous 15 jours.
J'envoie mon manuscrit et reçoit un accusé de réception qui m'annonce une réponse sous trois semaines. Celà

reste très court et nous verrons qu'un mail intermédiaire très encourageant m'aidera à patienter.

DEUXIÈME PARTIE
LES RÉPONSES ET PROPOSITIONS

Je n'ai pas contacté d'autres maisons d'édition : 36 envois pour un premier roman me semblait largement suffisant.

Nous verrons dans cette deuxième partie que **toutes les maisons d'édition à compte d'éditeur ont refusé de prendre le risque financier d'éditer mon manuscrit.** J'avais été prévenu par mon ami Alain, d'autres m'en avaient parlé aussi et entre-temps je m'étais rendu sur quelques forums d'auteurs. Je me suis rendu compte que ce sujet faisait largement débat.
Lu sur l'un de ces sites :
Tout auteur doit malheureusement commencer par être lucide. Si vous n'avez aucun réseau dans le monde de l'édition, aucune réputation pré-établie les grands ne regarderont pas votre manuscrit. Pour les toucher il faut être recommandé, ou avoir de sérieux atouts au-delà de son manuscrit. Ne perdez pas votre temps à envoyer « pour voir ». C'est tout vu d'avance.

Je pense qu'on fait tous la même chose : on essaye quand même ! Malgré ce camouflet, le conseil semble

fiable et est porteur de solutions : il faut commencer par se faire connaitre pour avoir une chance d'être édité par les grandes maisons comme Gallimard, Le Seuil ou Fayard.
En devenant par exemple Ministre de l'économie, en gagnant le tour de France ou en étant un chanteur à succès.

  Plus sérieusement, réussir à vendre son livre par le biais de l'autoédition ou en passant par une autre maison d'édition (et pourquoi pas à compte d'auteur) peut vous faire repérer et vous ouvrir des portes. Les chiffres des ventes sont publics et suivis, il suffit de se rendre sur Amazon pour pouvoir vérifier le classement de n'importe quel ouvrage. Nous verrons d'ailleurs que certaines maisons vous proposent de vous rabattre sur **Librinova**, une plateforme d'autoédition dont les services sont facturés, en vous communiquant un code promotionnel maison. Le code promotionnel permet aux maisons en question de garder un œil sur l'ouvrage refusé : le livre a un potentiel, mais pas assez pour que l'éditeur s'y risque. S'il atteint le chiffre de 1000 ebooks vendus, alors l'avis peut basculer. Les packs chez Librinova vous coûteront de 129 € (formule numérique seulement et sans couverture) à 1989 € pour une formule qui correspondrait au travail d'un éditeur (corriger, mettre en page, publier et promouvoir).

  Nous verrons aussi qu'à contrario, **toutes les maisons d'édition à compte d'éditeur m'ont répondu favorablement et m'on fait une proposition d'édition.** C'est très valorisant, d'autant que certaines maisons ont lu mon manuscrit et en on fait une analyse digne de

figurer en quatrième de couverture. Mais restons lucide : là encore, ces maisons ne prennent aucun risque financier puisqu'elles le reportent sur vous.
Dès lors que l'on accepte les termes du contrat dans lequel les conditions financières sont clairement posées il convient de vérifier, pour chaque contrat reçu, le seuil de vente qui vous permettra de rentrer dans vos frais : combien d'exemplaires de mon livre me faudra-t-il vendre pour commencer à gagner de l'argent ? C'est ce que nous allons vérifier dans cette deuxième partie.

LES RÉPONSES ET PROPOSITIONS DES MAISONS À COMPTE D'ÉDITEUR

Nous l'avons vu, cette première partie sera courte : parmi celles que j'ai sollicitées, aucune maison d'édition à compte d'éditeur n'a édité l'auteur inconnu que je suis. Je suis lucide et ne leur en tiens pas rigueur, je sais que mon manuscrit n'était pas non plus au niveau de qualité du septième roman de Guy de Maupassant.

Revenons vers les maisons sollicitées en première partie, dans le même ordre :

- **L'Archipel.**

Sollicitée le 23 mars, la réponse arriva par mail le 19 juillet :

Tout d'abord, nous vous présentons nos plus plates excuses pour ce long délai de réponse. Malheureusement, votre projet ne correspond pas à nos recherches actuelles…Nous vous souhaitons de trouver un.e éditeur.ice qui publiera votre manuscrit, et une excellente journée.

Bon, sympathique quand même d'avoir répondu. Mais communiquer en écriture inclusive dans le monde de l'édition, sacrilège !

- **Au Diable Vauvert**

Je n'ai jamais reçu de réponse de cette maison : c'est définitivement punk.
Pour être honnête, il était précisé sur le site qu'en cas d'absence de réponse au bout de 6 mois, c'est que le manuscrit n'a pas été retenu.

- **Fayard / 1001nuits**

Aucune réponse non plus de la part de Fayard, pourtant nettement moins punk.

- **Le Passage**

Pas de réponse là non plus, c'est normal, leur site internet était en panne.

- **Fleuve Éditions**

La réponse négative est arrivée par mail le 23 juin, trois mois après mon envoi :

Nous sommes au regret de vous annoncer que votre manuscrit n'a pas été retenu pour une publication chez Fleuve Editions.
Il existe aujourd'hui des solutions alternatives de publication, notamment l'autoédition. Notre partenaire, Librinova, vous permettra de créer et commercialiser rapidement et simplement votre livre dans plus de 200 librairies en ligne.
Si vous vous recommandez de nous en renseignant le code FLEUVE19 (à déclarer au moment du paiement sur www.librinova.com), vous bénéficierez de 6 mois gratuits de suivi quotidien de vos ventes via le service Suivi des ventes...

Voici donc une première maison qui me propose de me réorienter vers leur partenaire **Librinova**, ce qui lui permettrait de garder un œil sur le nombre d'ebooks vendus grâce à l'utilisation du code promotionnel. Elle serait avisée dès la millième vente si elle se réalisait un jour. Je ne suis pas intéressé par cette formule car je veux pouvoir tourner les pages de mon livre. Alors, justement, je tourne la page.

- **J'ai Lu**

Je ne saurai jamais non plus si **J'ai Lu** m'a lu, je n'ai pas eu le loisir de lire leur réponse.

- **Harper Collins**

La réponse est arrivée par mail le 15 mai, là encore c'est un refus accompagné d'une deuxième suggestion de repli vers **Librinova** :

*Nous avons lu avec beaucoup d'intérêt le manuscrit Mélodies, de Delpech à Jagger un soir d'été dans la Nièvre, que vous avez eu l'amabilité de nous confier. Malheureusement, votre texte, en dépit de sa qualité, ne correspond pas à la ligne éditoriale actuelle de notre maison ; nous sommes donc au regret de ne pouvoir en envisager la publication pour l'heure. Nous espérons néanmoins qu'il saura intéresser un autre éditeur. Nous tenons également à vous signaler qu'il existe des solutions alternatives de publication. Si vous choisissez de publier votre livre en autoédition via **Librinova**, vous pourrez le commercialiser en version numérique dans plus de 200 librairies en ligne, en vous recommandant de nous grâce au code HCO19 (qui vous permet de bénéficier du service de suivi quotidien des ventes.*

Mon objectif étant de publier un livre en version papier, je ne donne pas suite.

- **Hugo Poche**

Là encore aucun retour, l'auteur n'est contacté qu'en cas de succès.

- **Stock**

Aucune réponse non plus.

- **Denoël**

Aucune réponse au bout du délai de 3 mois annoncé : c'est donc un refus.

- **Le Tripode**

Aucune réponse au bout d'un mois : encore un refus.

- **Plon**

Plon m'a répondu le 18 mai par mail :

Nous avons examiné avec attention votre manuscrit "Mélodies, de Delpech à Jagger un soir d'été dans la Nièvre". Malheureusement, celui-ci ne correspond pas aux orientations actuelles de nos collections. Nous vous souhaitons de trouver un éditeur plus à même de publier votre ouvrage.

C'est quand même sympathique de recevoir une réponse.

- **L'Observatoire**

Cette maison m'a répondu très rapidement, le 13 avril. Là encore c'est un refus et là encore j'ai la proposition d'une solution alternative avec **Librinova** :

C'est avec attention que nous avons lu votre manuscrit, Mélodies, de Delpech à Jagger un soir d'été dans la Nièvre, que vous avez eu l'obligeance de nous envoyer. Nous n'avons malheureusement pas été suffisamment convaincus pour pouvoir nous engager à le publier au sein de notre maison. Nous vous remercions cependant pour votre confiance et espérons que vous trouverez chez l'un de nos confrères un accompagnement de valeur. Si vous souhaitez avancer en parallèle dans votre projet et avoir des retours sur votre manuscrit, nous vous recommandons Librinova, agence spécialisée dans l'accompagnement d'auteurs et la publication en auto-édition. Si vous vous recommandez de nous en renseignant le code OBS21, vous bénéficierez du service de suivi quotidien des ventes gratuitement en cas de publication. Vous souhaitant tout le succès possible dans vos projets d'écriture...

Librinova, décrite ici comme une agence spécialisée dans l'accompagnement d'auteurs et la publication en autoédition, est décidemment partenaire de bon nombre de maisons à compte d'éditeur, celles qui souhaitent peut-être s'assurer qu'un manuscrit refusé ne l'ait pas été par erreur.

- **Calmann Lévy**

La réponse négative est arrivée le 29 mai :

Nous vous remercions de nous avoir adressé votre manuscrit que nous avons lu avec attention. Malheureusement, notre comité de lecture n'a pas été suffisamment enthousiasmé par ce texte pour pouvoir s'engager à le publier chez Calmann-Lévy. Nous vous remercions cependant de votre confiance et espérons que vous trouverez un accompagnement de valeur chez l'un de nos confrères.

J'apprécie la franchise de cette communication.

- **City**

City ne répond qu'en cas d'acceptation du projet : je n'ai pas reçu de réponse.

- **Le mot et le reste**

Là encore et pour la même raison, pas de réponse.

- **XO**

XO m'a répondu le 12 avril, soit seulement 2 semaines après mon envoi.

Nous avons lu avec beaucoup d'intérêt le manuscrit Mélodies, de Delpech à Jagger un soir d'été dans la Nièvre, que vous avez eu l'amabilité de nous confier. Malheureusement, en dépit de ses qualités, nous sommes au regret de ne pouvoir en envisager la publication. Notre maison publie très peu de livres chaque année afin de se consacrer pleinement à les promouvoir auprès du grand public. Le choix est donc très restreint. Nous espérons néanmoins que votre texte saura intéresser un autre éditeur. Nous tenons également à vous signaler qu'il existe des solutions alternatives de publication, comme l'autoédition. Si vous choisissez de publier votre livre via **Librinova***, vous pourrez notamment bénéficier de services supplémentaires grâce au code XO21.*

Rapide, sympathique et proposition d'une autre possibilité avec **Librinova** dont je découvrai l'existence à cette lecture.

- **Marabout**

Marabout ne répond qu'en cas d'acceptation dans un délai de 3 mois, je n'ai rien reçu.

- **Pulp Éditions**

Aucune réponse non plus.

- **Éditions Inédits**

La réponse est arrivée le 6 avril soit 12 jours après mon envoi, un record de célérité dans la catégorie des maisons à compte d'éditeur ! Malheureusement c'était pour m'apprendre qu'ils ne recherchaient pas de nouveaux manuscrits, sans doute victimes de leur succès :

Nous vous remercions de votre intérêt pour notre maison d'édition.
Malheureusement nous ne sommes pas à la recherche de nouveaux manuscrits actuellement.
En vous souhaitant une belle réussite dans vos projets d'écriture...

- **Castor Astral**

Pas de réponse de la part de Castor Astral, donc un refus.

- **Viviane Hamy**

J'ai reçu le 6 juillet en retour le manuscrit que je leur avais envoyé par la poste dans l'enveloppe que j'avais fournie, sans aucune explication ni commentaire, un peu comme on jette de vieux papiers à la corbeille.

- **Gallimard**

Bon, j'ai tenté ma chance et j'ai reçu une réponse par courrier postal le 17 mai :

Vous avez bien voulu nous soumettre votre manuscrit « Mélodies ». Nos lecteurs en ont pris connaissance avec attention. L'avis qu'ils ont rendu n'est malheureusement pas favorable et il ne nous sera donc pas possible de retenir cet ouvrage pour nos prochains programmes…

Je m'en doutais…

Voici donc le bilan des retours des 23 maisons à compte d'éditeur que j'ai contactées :

COMPTE ÉDITEUR	REPONSE	
l'Archipel	non 19/07	
Au diable vauvert	sans	
Fayard/ 1001 nuits	sans	
Le passage	sans	
Éditions fleuve	non 23/06	LIBRINOVA
J'ai lu	sans	
Harper Collins	non 15/05	LIBRINOVA
Hugo poche	sans	
Stock	sans	
Denoel	sans	
LeTripode	sans	
Plon	non 18/05	
L'obervatoire	non 13/04	LIBRINOVA
Calmann Levy	non 29/05	
City	sans	
Le mot et le reste	sans	
XO editions	non 12/04	LIBRINOVA
Marabout	sans	
Pulp éditions	sans	
Éditions inédits	non 06/04	
Castor astral	sans	
Viviane Hamy	sans	
Folio Gallimard	non 17/05	

Vous pouvez le constater, l'univers de l'édition à compte d'éditeur est impitoyable, sur 23 maisons contactées, 14 ne m'ont jamais répondu et 9 ont répondu par un refus. 4 d'entre elles m'ont renvoyé vers **Librinova**.

Si vous vous rendez sur le site de **Librinova**, vous découvrirez un autre univers, celui de l'autoédition à options facturées. Les packs proposés à ce jour vont de 75 € à 1989 €, il semble que le pack qu'on me proposait à chaque fois était le deuxième sur 7 existants : un format numérique uniquement, distribué sur un réseau de 200 librairies + Amazon + La FNAC + Kobo + Apple, avec la possibilité de suivre les ventes éventuelles de votre ebook en espérant atteindre la millième, celle qui pourrait déclencher un intérêt au sujet de votre oeuvre et déboucher sur la signature d'un contrat d'édition.

LES RÉPONSES ET PROPOSITIONS DES MAISONS À COMPTE D'AUTEUR

En réalité les choses ne se sont pas déroulées de cette façon dans la chronologie : j'avais aussi envoyé mon manuscrit à 13 maisons à compte d'auteur.

Le principe sur le fond est le même : personne ne prendra le risque financier d'éditer votre manuscrit à moins que vous ayez écrit l'œuvre absolue ou je le redis, d'être connu, d'être bankable comme on dit dans le jargon cinématographique.

Les 13 maisons contactées m'ont toutes proposé un contrat d'édition dans des délais très courts, allant de 1 semaine à 4 semaines. Chaque proposition était une bonne nouvelle car mon manuscrit avait été lu, parfois résumé de façon très pertinente, les conditions financières étaient diverses, certaines abordables, d'autres moins. Mais dans tous les cas, ces 13 maisons me donnaient la possibilité de voir mon livre exister.

Peut-être fallait-il en passer par là pour faire naître sa première œuvre, mon ami Alain m'en avait parlé à l'époque : « si tu ne veux pas ou ne peux pas corriger ton manuscrit, mettre en page, ce qui représente une vraie compétence, créer une couverture, un quatrième de couverture avec une présentation du livre et de l'auteur, si tu ne te sens pas l'âme d'un commercial pour assurer la promotion de ton livre, l'édition à compte d'auteur est la seule solution ».

Au fur et à mesure que les propositions arrivaient, je me trouvais confronté à un problème de calendrier : nous étions en avril, j'avais déjà le choix entre quelques contrats mais j'étais obligé de faire attendre ces maisons qui me faisaient des propositions concrètes en espérant voir arriver rapidement une proposition de contrat à compte d'éditeur. Et plus les jours passaient, plus je souhaitais participer aux deux salons littéraires que j'avais fréquentés en tant que lecteur. À ce stade, j'étais obligé de repousser mes participations à l'année suivante.

Dans cette deuxième partie, nous allons vérifier l'intérêt de chaque contrat proposé en nous livrant à une estimation qui réponde à une question très simple : **combien de livres faut-il vendre pour gagner son premier euro ?** Je précise qu'il s'agit d'une estimation qui ne prend pas en compte les quelques exemplaires que l'on peut vendre à l'occasion de salons littéraires. Les organisateurs prennent des frais d'inscription, souvent plus de 30 € par jour. Le bénéfice pécunier est dérisoire, voire nul : on participe aux salons pour se faire connaitre, pour apparaitre dans un article de presse, pour rencontrer d'autres auteurs.

Je vais donc volontairement restreindre ma vérification au nombre de ventes nécessaires en librairie ou en ligne en considérant qu'il s'agit de la conséquence du travail de promotion qui incombe aux maisons d'édition auprès des librairies et des médias : c'est l'un des services qu'elles vous ont vendus.

- Éditions Amalthée / Bergame

Le 26 avril, soit 1 mois après avoir envoyé mon manuscrit, je recevai une réponse positive et le contrat en pièce jointe :

J'ai le plaisir de vous informer que votre ouvrage Mélodies a retenu favorablement notre attention et que nous envisageons de le publier. En effet, vous nous proposez avec cette discussion ponctuée de souvenirs et de mélodies une réflexion légère et sensible sur le retour l'exode urbain et le retour aux sources. Vous nous faites ainsi découvrir les joies de la vie à la campagne et les beautés de la Nièvre. Vous trouverez ci-joint notre lettre d'acceptation, notre offre de publication participative détaillée, ainsi qu'un modèle de contrat qui vous renseignera sur les modalités d'une éventuelle collaboration...

Le contrat participatif s'élève à 2480€, auquel il faut ajouter 115€ pour une publication numérique et éventuellement 165€ de frais de correction du texte.

La vente d'un roman en format ebook est assez confidentielle : pour ma part elle ne représente à ce jour que 7 % des ventes de mon roman. L'amateur de littérature préfèrera toucher le livre relié, le manipuler, l'annoter éventuellement et surtout lui faire une place de choix dans sa bibliothèque. On trouve ce même goût pour l'objet chez le collectionneur de vinyls, format dont il faut d'ailleurs souligner le retour en force sur le marché du disque.

Mon livre aurait été mis en vente au prix de 10.90€ et 20 exemplaires m'auraient été offerts.

Concernant mes bénéfices, ils allaient de 1.76€ chez Amazon, Fnac ou Cultura (17 % du prix de vente) à 2.56€ sur le site de l'éditeur (25 % du prix de vente).

Chacun sait que le plus gros des ventes se fait chez Amazon, je base mon estimation sur une fourchette optimiste moyenne de 2.17€, bénéfice qui correspond à 21 % du prix de vente, celui des ventes en librairies.

J'aurais gardé 5 exemplaires et donc vendu 15 exemplaires papier sur les 20 offerts, soit un gain de 163.50€.

En me basant sur la vente de mon livre en format papier, il aurait fallu que je vende 1144 exemplaires pour rembourser ma mise de 2645€ (j'ai ajouté les frais de correction du texte) :

Participation : 2480€

Correction : 165€

Vente de 15 exemplaires offerts à déduire : 163.50€

Bénéfice moyen par exemplaire vendu : 2.17€

Soit : (2645 – 163.50) : 2.17 = 1144 ventes.

Il s'agit d'un objectif extrêmement difficile à atteindre pour un premier roman d'un auteur inconnu qui vend en général une centaine d'exemplaires de son livre.

- Société des Écrivains / Publibook

Le 4 avril, soit moins de 2 semaines après l'envoi de mon manuscrit, j'ai reçu une réponse favorable :

*Nous avons le plaisir de vous annoncer que votre ouvrage Mélodies, de Delpech à Jagger un soir d'été dans la Nièvre, a été retenu par notre comité de lecture. De ce fait, nous allons vous soumettre un contrat d'édition à compte d'auteur au sein de notre maison d'édition. Toutefois, nous souhaiterions savoir au préalable si vous aviez une préférence en ce qui concerne la collection pour votre édition, votre manuscrit étant éligible à deux collections **Société des Ecrivains** : Cette collection est réservée exclusivement aux auteurs dont le comité de lecture a reconnu les qualités littéraires. De ce fait, dans un souci d'uniformité et afin de pouvoir orienter le lecteur, nos couvertures au sein de cette collection sont uniformisées. Je vous joins à cet e-mail un exemple de couverture SDE en pièce jointe.*

Publibook Editions *: Dans cette collection plus accessible, la couverture n'est pas contractuelle, et vous avez la possibilité d'en choisir l'illustration, dans les limites de la disponibilité des droits d'image délégués sur l'iconographie en question.*

Je choisis la collection ***Société des Ecrivains*** pour leur couverture sobre et je reçois mon contrat dans la foulée.

Le pack édition s'élève à 820€, ebook compris.

Mon livre serait mis en vente au prix de 11€ en format papier et 5.99€ en ebook.

Mes bénéfices : 2.20€ sur le site Publibook, 0.94€ partout ailleurs, sur chaque exemplaire vendu.

6 exemplaires me seraient offerts, autant dire que je n'aurais qu'un seul livre à vendre.

Je peux acheter mon livre avec une réduction de 40 % à partir de 24 exemplaires, soit au prix de 6.60€.

En me basant sur la vente de mon livre en format papier, il faudrait que je vende 519 exemplaires pour rembourser ma mise de 820€ :

Pack édition : 820€

Vente de 1 exemplaire offert à déduire : 11€

Bénéfice moyen par exemplaire vendu : 1.56€

Soit : (820 – 11) : 1.56 = 519 ventes.

Encore une fois l'objectif est ambitieux même s'il semble plus réalisable que précédemment.

- **Édilivre**

La bonne nouvelle est arrivée par mail le 5 avril, mon manuscrit leur avait plu :
...Votre ouvrage a été retenu par notre comité de lecture pour être édité dans notre maison d'édition.

Voici l'avis du comité de lecture :

> *"En vacances dans sa maison de campagne, l'auteur remonte dans ses souvenirs sous l'influence de chansons françaises. Ecriture soignée et fraîche."*
> *Compte tenu des éléments en notre possession et du retour du comité de lecture, ainsi que l'intérêt de cet ouvrage, une vérification orthographique, grammaticale et de ponctuation serait la bienvenue pour votre ouvrage, et une couverture personnalisée sublimerait ce travail de mémoire. Permettez-moi donc de vous présenter nos services qui me semblent correspondre parfaitement à vos besoins...*

Le pack proposé, Edition Premium, au prix de 699€ pouvait sembler alléchant par son prix mais je n'ai pas donné suite pour plusieurs raisons :

Tout d'abord l'avis du comité de lecture était éronné : mon roman se situe à la campagne, certes, mais l'auteur y vit toute l'année, il ne s'agit pas de sa maison de campagne. Par ailleurs,

Mick Jagger ne chante pas en français, mon livre parle aussi d'évènements présents et de l'avenir, j'en ai déduit que mon manuscrit n'avait pas été lu ou alors en diagonale express.

Le contrat type était vierge, un mail m'indiquait tout de même qu'en version papier je serais rémunéré à hauteur de 20 % sur le prix HT de mon livre vendu sur le site Édilivre et 10 % partout ailleurs. Je pourrais aussi acheter mon livre avec une remise de 40 % au-delà de 24 exemplaires commandés et sans frais de port.

Pas d'indication concernant le prix de vente de mon livre, j'ai abandonné d'autant que d'autres propositions m'arrivaient ce jour là.

- **Éditions de l'onde**

C'est l'éditeur lui-même qui m'a appelé le lendemain de l'envoi de mon manuscrit pour un premier contact professionnel, sérieux. Nous avons échangé quelques minutes, j'ai pu décrire mon futur roman en bénéficiant d'une écoute attentive. J'ai raccroché avec la perspective d'une réponse dans les jours à venir.

Effectivement, le 31 mars arrivait la proposition d'édition :

Je vous remercie d'avoir bien voulu nous soumettre le manuscrit de votre ouvrage « Mélodies » et d'avoir pris le temps d'échanger avec moi.
Notre Comité de lecture m'est revenu avec un avis favorable et les commentaires suivants.
« Mélodies » est un récit à la fois joyeux et mélancolique, bâti autour de ce que les airs qui ont accompagné notre vie peuvent évoquer en nous lorsque nous les ré-écoutons.
Le prétexte en est une soirée d'été, chaude, calme et apaisante, au cours de laquelle un couple se retrouve seul, ses enfants partis, et évoque ses souvenirs, ses choix et ses expériences, au fil des mélodies.
Le texte est soigné. La langue est vive et drôle, non dénuée de profondeur, et chacun trouvera un peu de lui-même dans l'un ou l'autre de ces moments de vie.
J'ai aimé.

Le domaine du roman contemporain est familier aux éditions de l'Onde.
Vous avez pu le voir en consultant notre catalogue en ligne. Votre livre pourrait parfaitement rejoindre nos collections. Vous trouverez donc un contrat d'édition en pièce-jointe.

La participation initiale est de 1185€, en commandant 50 exemplaires pour participer à quelques salons, on arrive à 1560€

Mon livre serait au prix de 15€, l'ebook à 7.50€

Sur les 250 premiers exemplaires, je serais rémunéré à hauteur de 25 % quel que soit le point de vente : le site, les librairies en ligne et le réseau Dilicom pour les ventes en librairies, soit 3.75€ par exemplaire vendu.

Pour la suite, si les 250 ventes étaient dépassées, ma rémunération descendrait à 10 %, soit 1.5€ par exemplaire réédité, ce qui correspond alors à un contrat type à compte d'éditeur.

Enfin, 5 exemplaires me sont offerts, juste assez pour pouvoir les offrir à mon cercle proche.

Résultat, sans compter les 50 exemplaires que j'aurais commandé pour les vendre à l'occasion de salons littéraires, **il aurait fallu que je vende** 1185 : 3.75 = **316 livres pour pouvoir rentrer dans mes frais.**

En imaginant que l'éditeur ait fait un travail de promotion efficace, ce dont je ne doute pas, l'objectif était atteignable dans la durée. Ensuite, à 1.5€ par exemplaire vendu, je n'aurais sans doute jamais été soumis à l'impôt sur la fortune, mais mon livre aurait existé.

- **Jets d'encre**

Après un premier mail reçu pour m'aviser que mon manuscrit était en cours d'étude, j'ai reçu la réponse positive très rapidement, le 5 avril, soit 13 jours après mon envoi.

Nous avons bien reçu votre manuscrit « Mélodies, de Delpech à Jagger un soir d'été dans la Nièvre » et l'avons lu avec attention.
Cette autobiographie, dans laquelle vous revenez sur des épisodes de votre vie au travers de références à des musiques populaires et symptomatiques d'une époque, nous a beaucoup plu.
Vous proposez un récit fort, véritable ode à la vie campagnarde et aux « gens des arbres ». C'est toute une époque qui renaît sous vos mots, nous faisant (re)découvrir certains tubes musicaux marquants. C'est donc avec plaisir que nous nous proposons de publier votre manuscrit.

   Mon manuscrit avait été lu et compris, c'était un bon point. Dans la suite du mail apparaissaient les conditions : participation de 2100€, 5 exemplaires offerts, et une rétribution allant de 8 à 40 % sur chaque vente en fonction du canal de distribution. On me proposait de m'envoyer un contrat type, j'ai accepté pour avoir plus de précisions.

Dans le contrat, mon livre était au prix public de 17.70€, soit 16.73€ HT.

Ma rétribution était de 15% sur le prix HT par le site de l'éditeur, soit 2.50€, et de 8 % ailleurs, soit 1.30€.

Les 5 exemplaires offerts étaient en nombre insuffisant pour que j'en vende un seul.

En faisant une moyenne, soit 1.90€ de gain pour chaque exemplaire vendu, **il aurait fallu que je vende** 2100 : 1.9 = **1105 livres pour rembourser ma mise de départ.**

Objectif inatteignable selon moi, je n'ai pas signé ce contrat.

- **Le Sémaphore**

   Le Sémaphore fut pour moi une expérience humaine : j'avais envoyé mon manuscrit le 23 mars au matin, j'ai reçu un appel de son directeur l'après-midi même.
C'était mon tout premier contact dans ce domaine, ma première expérience. Au bout du fil, j'avais un personnage haut en couleur, vif, qui maniait un humour corrosif.
Il avait parcouru mon manuscrit en diagonale et m'appelait à chaud : il avait aimé le principe de lire ce récit comme on écoute un album de chansons. La conversation a duré plus d'une demie-heure, à bâton rompu, sur les thèmes principaux de mon roman, le retour aux sources, les déserts médicaux, la Nièvre, Michel Delpech, Mick Jagger.
Il m'avait aussi décrit sa maison d'édition avec passion et expliqué quelques aspects de son métier.

Lorsqu'on a raccroché, on était presque devenus bons copains : j'avais la promesse d'être lu en détail et la quasi certitude de me voir proposer un contrat basé sur l'achat de 50 exemplaires de mon propre livre, charge à moi de les vendre.
J'avais l'impression d'avoir créé un petit chef-d'œuvre, je me disais que j'allais crouler sous les propositions !

Effectivement, le 13 avril, j'ai reçu le contrat qui précisait que Le Sémaphore existait depuis 28 ans, que je pouvais me déplacer à leurs bureaux parisiens, que toute la chaine graphique était réalisée en France : proximité, confiance, le contact était toujours aussi sympathique.
Le contrat était établi pour 1 an résiliable par une des deux parties.
Je devais m'acquitter de l'achat de 50 livres au prix de 18€ TTC , soit 900€.
Pour les exemplaires supplémentaires, j'aurais bénéficié d'une remise de 30 %, frais de port à ma charge pour pouvoir les vendre en participant à des salons littéraires par exemple.
Enfin, j'aurais perçu pour chaque exemplaire écoulé en point de vente ou en ligne, 10% du prix de vente HT, soit 1.70€.
Pour résumer, les 50 livres achetés ne m'auraient rien rapporté puisque je les payais au prix public. **Pour rentrer dans mes frais, il aurait donc fallu que je vende** 900 : 1.7 = **530 exemplaires de mon livre dans les réseaux de distribution en ligne et librairies.**

Peut-être était-ce réalisable, tout reposait sur la capacité de l'éditeur à promouvoir mon livre. Il m'avait certifié qu'il excellait dans ce domaine, il semblait sincèrement motivé par mon récit. Je n'ai pas donné suite et nous verrons plus loin que je me suis fait gronder !

- **Le Lys Bleu**

Cette maison m'a répondu par mail le 14 avril, soit 3 semaines après mon envoi :

Notre comité de lecture a rendu son verdict concernant votre manuscrit et voici une réponse condensée des fiches de lecture qui nous ont été envoyées : vous dépeignez avec une grande finesse les rapports humains entre les protagonistes de vos histoires. Vos personnages ont de l'épaisseur, sont cohérents et nous apprennent sur eux après chaque page. Votre style est direct, simple, mais se prête en même temps parfaitement aux intrigues que vous contez.

Nous vous proposons ainsi de publier votre ouvrage par la signature d'un contrat par lequel tous les frais de conception, d'imprimerie ainsi que de promotion seront assurés par notre maison.

Il est précisé aussi que mon livre sera distribué en format papier et ebook dans les librairies de l'ensemble du territoire par le reseau Sodis, ainsi que dans toutes les librairies en ligne et sur le site de l'éditeur. Un contrat type est joint pour que je puisse me faire une idée avant de prendre ma décision.

Le prix de vente de mon livre n'est pas défini, je sais que je serai rémunéré à hauteur de 13 % du prix public hors taxe quel que soit le point de vente et qu'il me faudra acheter 40 exemplaires de mon livre avec une remise de 30 % de son prix public TTC.

Si l'offre m'intéresse, je manifeste mon accord pour pouvoir recevoir un contrat définitif.

Je ne suis pas allé plus loin car il me manquait quelques éléments pour me faire une idée précise, notamment le prix de mise en vente de mon livre.

- **Les 3 Colonnes**

La réponse par mail est arrivée par la poste le 12 avril sous forme d'une magnifique plaquette en papier glacé contenant une présentation de la maison, une lettre d'accord (en date du 5 avril) et le contrat en 2 exemplaires.

La lettre ne fait pas l'éloge de mon manuscrit, elle me précise simplement qu'il a été retenu. La maison s'occupe de tout : correction, mise en page, couverture, référencement, promotion auprès des médias.

Reste à ma charge une participation forfaitaire pour la réalisation de la maquette en vue de son impression qui s'élève à 1920€

Mon livre sera vendu au prix de 12€ TTC (11.37€ HT).

30 exemplaires de mon livre me seront offerts, je pourrai donc en vendre 25.

Les commandes supplémentaires sont possibles, avec 50 % de remise au-delà de 48 exemplaires.

Ma rémunération sera de 25 % du prix public hors taxe, soit 2.84€ par exemplaire.

Enfin, une version numérique sera aussi éditée au prix de 7.99€

Il me faudra donc écouler 1920€ - 300€ (les 25 exemplaires que je vendrai au prix public) soit 1620 : 2.84 = **571 exemplaires de mon livre pour rembourser ma mise.**

- **Vérone**

Vérone m'a répondu favorablement par l'envoi là aussi d'une magnifique plaquette en papier glaçé arrivée par la poste le 7 avril, comprenant là encore une présentation de la maison dont une jolie photo de la responsable éditoriale, un petit mot charmant de félicitation de sa main, une lettre d'accord, elle aussi en date du 5 avril et le contrat.

Vérone et **Les 3 colonnes** pratiquent une politique marketing similaire et aux mêmes dates, à se demander s'il ne s'agit pas de la même maison.
Au préalable, le 29 mars j'avais reçu un mail pour m'annoncer que mon manuscrit était sélectionné et dans le circuit des comités de lecture, qu'il ne fallait pas que je me précipite pour choisir une maison d'édition, de la même manière qu'il fallait que je me méfie de celles qui me répondraient trop rapidement. La responsable éditoriale est aussi est une remarquable communiquante…

La lettre d'accord est similaire à celle des 3 colonnes : le réseau de distribution est le même, le travail de la maison est le même, ma participation servira là aussi à la réalisation de la maquette, aux caractéristiques similaires, avant impression.

Ma participation forfaitaire s'élève à 1990€

Mon livre sera vendu au prix de 11€ TTC (10.43€ HT).

30 exemplaires de mon livre me seront offerts, je pourrai donc en vendre 25.

Les commandes supplémentaires sont possibles, avec 50 % de remise au-delà de 71 exemplaires.

Ma rémunération sera de 25 % du prix public hors taxe, soit 2.60€ par exemplaire.

Enfin, une version numérique sera aussi éditée au prix de 6.99€.

Il me faudra écouler 1990€ - 275€ (les 25 exemplaires que je vendrai au prix public) soit 1715 : 2.60 = **660 exemplaires de mon livre pour rembourser ma mise.**

Si le choix devait se faire entre Les 3 colonnes et Vérone, l'avantage pencherait donc en faveur de Vérone. Nous verrons un peu plus loin que nous retrouverons ce même contrat dans une troisième maison.

- **Maïa éditions**

Le mail est arrivé le 24 avril avec une réponse favorable :

Les Editions Maïa sont heureuses de vous annoncer que le comité de lecture a sélectionné votre livre pour l'éditer, à nos frais, en format papier et numérique. Votre livre satisfait pleinement nos critères de sélection pour être diffusé auprès de nos lecteurs et de notre réseau de librairies.
Vous trouverez en pièce-jointe un contrat type à compte d'éditeur, sans participation financière de votre part, qui édite votre livre en trois temps :
Etape 1 - Avant la parution officielle, nous organisons une campagne de préventes et de promotion de votre livre sur notre site dédié : https://simply-crowd.com . Une chargée de campagne sera spécialement dédiée au lancement de votre livre et s'occupera de tous les aspects techniques et promotionnels pour vous. Cet événement permet de créer l'indispensable premier cercle de lecteurs, parmi vos proches et notre fichier de 14 000 lecteurs fidèles, grâce à la possibilité de précommander votre livre en exclusivité. Vous n'avez rien à payer et aucune obligation d'achat bien sûr. Nous vous demandons seulement d'en parler largement autour de vous et de suivre les conseils de votre chargée de campagne...

  Sans aller plus loin, j'étudie le contrat joint pour clarifier cette proposition originale sur la forme : il s'agit dans un premier temps de réaliser une campagne de prévente du livre.
Le contrat explique plus précisément les modalités de cette campagne :
L'éditeur organisera une campagne de lancement pour promouvoir et pré-vendre le livre avant sa parution. Les

modalités de cette campagne (durée, objectif, contreparties, etc.) sont de la seule responsabilité de l'éditeur. L'objectif de la campagne de lancement est fixé ici à 990 € de préventes du livre sous ses formats papier et numérique. En cas d'échec de la campagne, défini par un objectif de préventes inférieur à 15 % après deux mois de campagne, l'éditeur s'engage à proposer à l'auteur deux options au choix : (1) l'auteur récupère l'intégralité de ses droits sur son livre et le présent contrat est résilié ; (2) l'édition du livre est réalisée par l'éditeur selon de nouvelles modalités techniques que celles prévues à l'article 3-3 (tirage moins important, etc.) définies en concertation avec l'auteur.

Maïa s'affiche donc comme étant à compte d'éditeur, pourtant il faudra réaliser un chiffre de vente de 990€ pour pouvoir être édité, après une campagne de prévente organisée par un site partenaire, simply crowd, en sollicitant pour cela ses amis, sa famille et les personnes qui vous suivent sur les réseaux sociaux, le tout en 2 mois.

En considérant que mon livre soit commercialisé au prix de 13€ TTC (c'est le prix auquel j'ai décidé de le proposer en autoédition par la suite), il me fallait donc en pré-vendre 77 exemplaires pour me voir édité. Il aurait donc fallu que mes frères et sœurs, neveux, cousins, voisins, amis courtois, envoient la somme de 13€ en échange de la possibilité de recevoir mon livre si l'objectif était atteint. À défaut, ils auraient probablement reçu un autre ouvrage correspondant au montant versé. Cet appel aux bons cœurs ne m'a pas convenu, considérant que le risque financier ne devait en aucun cas peser sur le cercle des proches. Par ailleurs, en cas de succès, je n'aurais perçu aucune commission sur les 77 exemplaires vendus. C'est la raison pour laquelle j'ai placé cette maison d'édition dans la catégorie « à compte d'auteur ».

Ne voyez aucune critique de ma part sur cette stratégie de marketing, l'auteur est informé sans ambiguïté des conditions et des risques : pour qui a la chance d'avoir une famille de plus de 100 membres prêts à l'aider, l'aventure est jouable. Pour les autres, il faudra sans doute s'exposer à revoir les « nouvelles modalités techniques » pour reprendre la formulation utilisée dans le contrat, sans plus de précision.

J'ai choisi de ne pas donner suite pour toutes ces raisons.

- **Atramenta**

Atramenta m'a répondu rapidement par mail, le 5 avril pour me confirmer qu'ils pouvaient publier mon livre, en m'indiquant quelques précisions :

la relecture me coûterait 126€, la mise en page 39€, la couverture me serait facturée 99€, l'option publication papier serait de 149€, la distribution par Hachette, décrite ici comme pas nécessaire serait à 50€, l'option ebook à 19€.

En cumulant le tout, j'avais une proposition d'édition à 482€, option de distribution Hachette comprise.
D'autres points forts apparaissaient, j'aurais la possibilité d'un suivi en temps réel des ventes, je pourrais publier ce même livre par un autre éditeur, je conserverais tous mes droits sur une éventuelle adaptation au cinéma, sur une traduction.

Par contre il me manquait le prix de vente conseillé de mon livre et les modalités de calcul du montant des gains.

Atramenta propose des services d'accompagnement classiques que l'on peut trouver ailleurs dans l'autoédition. On est à la croisée des chemins entre l'édition à compte d'auteur et l'autoédition.
Rien de rédhibitoire dans la démarche mais j'avais besoin de plus d'informations, je propose donc à mon interlocuteur de me rappeler en lui envoyant mon numéro de téléphone.
Il me répond qu'il travaille exclusivement par mail, pour éviter les malentendus. Mauvais point selon moi, l'un n'empêche pas l'autre.

Reste la question du délai de fabrication de mon livre physique puisque mon souhait est de participer à deux salons littéraires en juin et juillet prochain. je pose la question par mail, donc, et reçois une réponse évasive : *Cela dépendra aussi de choix à venir (notamment le choix de l'imprimeur et du distributeur). Nous ne pouvons pas fixer de date. L'ouvrage sera préparé avec soin, sans bâcler, et sera disponible et dans vos mains "dès que possible".*

Je décide alors de ne pas donner suite à cette proposition, qui présente un intérêt car elle permet de voir son livre édité avec soin sans se ruiner mais qui ne me donne pas de garanties en termes de délais.

- **Prem'edit**

La réponse arrive par mail le 9 mai :

Votre manuscrit a été retenu avec un avis favorable par notre comité de lecture.
Ci-joint nos conditions de générales de vente. Si vous souhaitez une éventuelle édition chez Prem'Edit, veuillez me faire parvenir vos coordonnées téléphoniques pour un entretien et vos disponibilités.

En pièce jointe, les conditions générales de vente aux auteurs, très succintes : mon livre sera vendu au prix de 15€ ou de 16€ selon le nombre de pages que je ne connais pas puisqu'il dépend du format. Je me vois proposer un devis pour l'édition de mon livre de 430€ pour l'achat de 40 livres, comprenant la mise en page, la couverture et l'impression.
Puis un devis me sera proposé au-delà.

Il aurait sans doute fallu que je transmette mes coordonnées téléphoniques pour un entretien afin de connaitre les conditions de rémunération et les délais. Je ne l'ai pas fait car nous étions déjà en mai et nous verrons en troisième partie que j'avais alors fait un autre choix.

- Éditions Baudelaire

Les éditions Baudelaire m'ont répondu en plusieurs temps : tout d'abord un mail réactif et encourageant de la part de l'assistante éditoriale le 3 avril :
Nous vous remercions de nous avoir confié votre manuscrit. Ce dernier a reçu de très bons retours jusqu'à présent. Vous devriez recevoir une réponse de notre part d'ici une semaine environ.
En attendant, sachez que j'ai moi-même pris connaissance de votre texte. Vous signez un roman poignant et très bien écrit qu'on dévore avec plaisir. La sensibilité de votre discours, la délicatesse de vos personnages traduit sans conteste une poésie du quotidien et de la vie au grand air. Cet ouvrage ne manquera pas de séduire vos lecteurs.
En espérant pouvoir échanger prochainement à propos de votre ouvrage, je vous prie d'agréer mes sincères salutations.

Puis le 7 avril, la réponse positive par mail, suivie de la réception par la poste d'une jolie plaquette en papier glacé comportant la présentation de la maison, la lettre d'accord et le contrat.
Ce contrat est encore une fois le même que celui que m'ont proposé les 3 colonnes et Vérone à quelques

détails près, mais la distribution par Hachette, le descriptif et nombre de pages sont similaires.

Reste à ma charge une participation forfaitaire pour la réalisation de la maquette en vue de son impression qui s'élève à 2060€

Mon livre sera vendu au prix de 11€ TTC (10.43€ HT).

30 exemplaires de mon livre me seront offerts, je pourrai donc en vendre 25.

Les commandes supplémentaires sont possibles, avec 50 % de remise au-delà de 60 exemplaires.

Ma rémunération sera de 25 % du prix public hors taxe, soit 2.60€ par exemplaire.

Enfin, une version numérique sera aussi éditée au prix de 6.99€

Il faudra donc vendre 2060€ - 275€ (les 25 exemplaires que je vendrai au prix public) soit 1785 : 2.60 = **687 exemplaires de mon livre pour rembourser ma mise.**

Voici le bilan des retours des 13 maisons à compte d'auteur que j'ai contactées avec le nombre de ventes à réaliser pour rembourser sa mise :

A COMPTE AUTEUR	Coût	Nbre vente
Editions Amalthée	2 760 €	1144
Société des écrivains	820 €	519
Edilivre	699 €	?
Editions de l'onde	1 185 €	316
Jets d'encre	2 100 €	1105
Le Sémaphore	900 €	530
Le lys bleu	?	?
Les 3 colonnes	1 920 €	571
Vérone	1 990 €	660
maia editions	prévente	?
Atramenta	482 €	?
Prem'edit	430 €	?
Editions Baudelaire	2 060 €	687

Si j'avais dû répondre à l'une de ces propositions, j'aurais probablement porté mon choix sur les éditions de l'Onde ou Le Sémaphore pour les échanges faciles et l'implication manifeste des responsables respectifs, le rapport de confiance qui est nécessaire dans la relation auteur / éditeur, pour le bilan pragmatique réalisé dans ce guide qui montre que l'objectif était réalisable dans le temps sous réserve que ces maisons aient accompli un travail de promotion efficace.

À condition aussi de considérer qu'il était acceptable de contribuer financièrement pour être publié, ce qui je l'avoue me dérange par principe.

J'étais trop pressé pour me poser réellement la question, j'ai donc fait un autre choix.

J'ai reçu un mail très élégant de la part du responsable des éditions de l'Onde qui m'a réitéré que mon roman lui avait plu et qu'il comprenait mon choix.

Quand au responsable du Sémaphore, j'ai eu droit à une véritable soufflante par téléphone de sa part, là encore parce que mon roman l'avait interpellé. Mon choix de me tourner vers l'autoédition l'avait mis hors de lui, il considérait que je me sabordais car mon livre passerait sous les écrans radar de la notoriété.

Par la suite, une fois mon roman publié, j'ai vérifié sur le site d'Amazon le classement des ventes de quelques ouvrages de différentes maisons à compte d'auteur, notamment parmi ceux que j'ai croisés lors des salons littéraires auxquels j'ai participé. Il s'avère que je n'ai pas à rougir du classement de mon roman, même si j'ai peu vendu.

J'ai aussi vérifié les classements des ventes des romans publiés à compte d'éditeur de certaines maisons que j'ai sollicitées : là encore mes ventes sont dans la norme.

En réalité, et c'est la mauvaise nouvelle, quel que soit le type d'édition choisi, nous sommes très nombreux à vendre peu.

TROISÈME PARTIE :
LE CHOIX DE L'AUTOÉDITION

Le 10 avril, j'ai pris ma décision sur la base de trois critères :

- j'étais pressé que mon roman existe physiquement pour participer aux deux salons littéraires qui se tenaient dans les semaines à venir dans mon secteur géographique,
- J'étais réticent au fait de devoir prendre en charge le risque financier de la partie édition, en plus d'avoir travaillé en tant qu'auteur,
- je possédais quelques compétences pour tenter l'aventure : une bonne maîtrise de l'ortographe et des règles typographiques mais aussi de la mise en page, de part mes activités professionnnelles.

Attention, si vous ne maitrisez pas ces derniers points, se tourner vers l'autoédition sera trop complexe, sauf à recourir à des options facturées, correction, mise en page, couverture, qui vous rapprocheront du budget que vous auriez dépensé pour une édition à compte d'auteur chez Atramenta ou Edilivre par exemple.
Il sera toujours techniquement possible de publier un livre truffé de fautes d'orthographe et mal fichu mais ce sera dévalorisant pour l'auteur et discréditant pour la suite.

Je m'étais rendu sur quelques forums et blogs qui traitent du sujet pour pouvoir comparer les différentes plates-formes existantes.
Ma recherche était basée sur des critères clairement définis : pouvoir commander l'ouvrage en ligne, bénéficier d'une vitrine connue, pouvoir suivre mes ventes en temps réel.
J'ai fait le choix d'Amazon et son site KDP (Kindle Direct Publishing) pour tenter cette première expérience. D'accord, Amazon fait partie des GAFA (Google, Amazon, Facebook, Apple) connus pour se soustraire au fisc des pays d'implantation, mais aussi redoutés par leur puissance qui écrase la concurrence. Mais Amazon pèse sur le marché du livre en France, plus de 10 % des ventes avec environ 800 000 livres référencés : c'est énorme. En choisissant KDP, vous ne pourrez pas trouver votre livre référencé à la FNAC, ni par les réseaux de diffusion classiques des librairies tels que Hachette, Sodis ou Dilisco.
D'autres plate-formes d'autoédition existent et permettent une diffusion plus large, comme Lulu par exemple, d'autres encore vous demenderont une contribution financière ou un abonnement annuel. Chacun trouvera chaussure à son pied.

Avec KDP d'Amazon, il existe un risque réel d'aller dans le mur : c'est vous qui corrigez votre texte, mettez en page. L'outil en ligne pour créer le livre papier est un peu complexe notamment si vous faites le choix d'importer une photo pour la couverture, je me souviens aussi d'avoir un peu tâtonné pour construire l'ebook.

Mais je trouvai là une plate-forme gratuite, rapide, efficace, un tableau de bord des ventes actualisé en temps réel, la possibilité de commander des exemplaires auteur à prix abordable, pour participer par exemple à des salons littéraires.

Kindle vous verse une redevance de 70% sur les ebooks, pour les livres papier c'est 60 % auquel il faut retirer le coût de l'impression qui est d'environ 2.60€ concernant mon court roman.

J'ai choisi de fixer le prix de mon livre à 13€ en version papier broché et 5.99€ en version ebook : en version papier, je perçois donc environ 5.40€ sur chaque exemplaire vendu, en version numérique c'est environ 4€.

Vos redevances apparaissent mois par mois sur votre tableau de bord, ce qui vous permet de déclarer vos gains au fisc sans risque d'erreur.

Le 13 avril, **_Mélodies de Delpech à Jagger, un soir d'été dans la Nièvre,_** était sur le site d'Amazon.

J'ai un collègue de salons, Florian, auteur de talent de romans d'anticipation autoédité par KDP, qui se considère comme étant un écrivain bénévole, la formule est assez juste. J'écris cela pour vous rassurer par rapport au fisc.

Une autre auteur, Samantha, m'a expliqué que travailler en autoédition, c'est faire preuve d'une polyvalence remarquable puisqu'il faut pouvoir réaliser le mieux du monde les trois métiers : écrire, publier et promouvoir. Sur la forme par exemple, dans la première version de mon livre s'étaient glissées trois fautes d'orthographe.

Heureusement, l'outil en ligne sur le site KDP permet de rectifier rapidement ce genre de fréquentes déconvenues : la deuxième version est très correcte.
J'ai récemment relu Mont-Oriol de Guy de Maupassant en édition de poche d'une maison prestigieuse, j'ai trouvé une faute d'orthographe là aussi, sur un accord de participe passé, malgré le sérieux de la maison.

  Mais où Samantha a surtout raison, c'est qu'en tant qu'auteur ayant fait le choix de l'autoédition, vous serez votre propre agent littéraire, ce sera à vous d'assurer toute la partie promotion !

ORGANISER LA PROMOTION

Vous avez écrit et publié votre livre, il est enfin entre vos mains, maintenant il va falloir le vendre et vous ne pourrez compter que sur vous. Aucune maison d'édition à compte d'éditeur ne vous a publié, vous avez choisi de ne pas engager de maison d'édition à compte d'auteur, vous avez opté pour l'autoédition : c'est à vous de jouer !

Le plus simple, le plus évident, c'est d'abord d'aviser sa **famille et ses amis** de la sortie de son livre : vous écoulerez facilement les premiers exemplaires de votre chef-d'oeuvre dans votre cercle proche composé de personnes en général bienveillantes qui vous réclameront une dédicace et qui vous feront un retour positif après lecture. C'est sympathique, valorisant et si votre cercle est large, vous pouvez déjà vous offrir un petit succès littéraire.

Si vous êtes adeptes des **réseaux sociaux**, vous trouverez un excellent moyen de faire la promotion de votre livre. J'ai pu constater que Facebook et Linkedin étaient des réseaux efficaces pour passer l'information. Publiez le synoptique, présentez-vous en tant qu'auteur, certains créent une page dédiée. Publiez quelques extraits. En utilisant les Stories sur Facebook vous ferez vivre l'actualité de votre livre : salons, signatures, articles de presse, avis.

N'oubliez pas de solliciter la **presse et les radios locales** si vous souhaitez aller plus loin : avisez-les de la sortie de votre livre en leur envoyant un exemplaire format papier ou numérique accompagné d'un communiqué de présentation. J'ai été invité par 3 radios de mon département qui m'ont accordé une interview très professionnelle.
La presse locale publiait aussi les dates et lieux des dédicaces que j'organisais et que je leur transmettais au fur et à mesure des évènements.

Parlons des **librairies et maisons de la presse**. Nous touchons là à l'accomplissement pour un auteur, le plaisir de voir son livre présent en rayon dans une librairie. C'est très rarement le cas puisque être référencé dans un réseau de librairies ne signifie en aucun cas que votre livre y sera physiquement présent, sauf à compter parmi les auteurs à succès.
En autodidacte enthousiaste, j'ai fait le tour des points presse dans un rayon de 40 kilomètres autour de chez moi. Je n'ai pas caché mon choix de plate-forme d'édition, ce qui m'a valu une réaction de refus de la part de la responsable d'une très belle librairie d'une ville de Saône-et-Loire : « Non, pas Amazon, par principe, puisqu'ils veulent nous couler ».
Il est vrai qu'au même moment, la livraison d'un livre commandé sur Amazon était facturée 0.01€, c'était de la gratuité déguisée, les librairies indépendantes ne pouvaient s'aligner. Depuis le mois d'octobre 2023, la loi impose un minimum légal de 3€ pour les commandes en

dessous de 35€ : ceci concerne toutes les plateformes de vente en ligne, Amazon mais aussi Cultura ou la Fnac.

Je lui ai expliqué la stratégie que j'avais mise en œuvre : je commandais moi-même les exemplaires que je livrais dans les librairies qui acceptaient de les vendre contre reçu. Ce sont les librairie qui vendaient mon livre en prélevant sur chaque vente leur commission classique que j'acceptais sans discuter, soit 30 % du prix TTC. Elle a refusé et je comprends ses réticences, mais j'ai pu quand même distribuer mon roman dans 6 points de vente autour de chez moi : je tenais à faire travailler les librairies indépendantes malgré que je me faisais imprimer par Amazon.

Les libraires et points presse en zone rurale sont des animateurs locaux : on trouve de tout dans leurs commerces, parfois de l'épicerie ou des meubles, souvent des articles de pêche, ils font tabac, journaux, jeux de hasard, cadeaux-souvenirs, banque, photocopies, ce sont de véritables cavernes d'Ali-Baba !
On y trouve aussi un large choix d'auteurs locaux férus d'histoire, de contes et légendes ou de poésie. Parfois ils ont fait réaliser leur livre par un imprimeur local, ce qui est aussi une possibilité. D'autres publient des ouvrages d'intérêt local au nom d'une association subventionnée par le Conseil Départemental par exemple : dans le monde de l'autoédition, de multiples possibilités s'offrent à vous.

Dans certains points presse qui ont accepté mon livre, j'ai pu aussi me prêter à l'exercice des **séances de**

dédicace vraiment sympathiques puisque organisées et promues par les commerçants eux-mêmes qui jouaient le jeu avec plaisir : ces séances sont toujours un succès car votre livre est mis en lumière, vous pouvez discuter avec vos futurs lecteurs, et le point presse devient un lieu de culture vivant.

J'ai aussi signé une convention avec **l'office de tourisme** de mon village : j'ai déposé quelques exemplaires à vendre sur lesquels l'office prélevait une commission de 20 % après m'avoir fait signer une convention de dépôt-vente. Là aussi, votre livre se trouvera entouré d'autres ouvrages d'auteurs locaux.

Enfin, il est à la fois utile et agréable de s'inscrire à des **salons littéraires**. Utile car même si ce n'est pas le lieu où vous vendrez le plus, vous pourrez rencontrer d'autres auteurs et votre livre apparaitra dans l'article de presse local qui couvrira l'évènement.
Dans mon village par exemple, pour la 8è édition du salon du livre, étaient présents 58 auteurs, 4 éditeurs, 2 librairies, 3 bouquinistes et 1 relieuse : c'était éclectique, riche, les libraires organisaient les ventes des auteurs qu'ils distribuaient et dont ils assuraient la promotion, mais les auteurs en autoédition dont je faisais partie étaient là aussi en nombre. L'auteur local pouvait discuter avec les têtes d'affiche comme Juliette Nothomb (la sœur) ou Annabelle Mouloudji (la fille).

Certains auteurs en autoédition s'inscrivent à tous les salons de leur département et proposent une bibliographie qui ne cesse de s'élargir en même temps que leur notoriété car ils écrivent bien et beaucoup. Écrire un deuxième ou troisième livre relance souvent le premier. On retrouve sur les salons toujours un peu le même noyau d'auteurs régionaux, souvent franchement sympathiques.

N'oubliez-pas de vous inscrire à l'URSSAF des artistes-auteurs pour être dans les clous pour ces trois derniers modes de vente : les libraires vous demanderont une facture pour pouvoir vous verser vos gains. Les acheteurs effectueront l'achat de votre livre à la caisse des librairies ou points presse, y compris lors des séances de signature.

CONCLUSION

Quels enseignements tirer de cette aventure ?

En aucun cas il ne faut renoncer selon moi à convaincre un éditeur **à compte d'éditeur**. J'ai un projet littéraire auquel je vais accorder le temps nécessaire, que ce soit dans sa construction, j'ai des recherches historiques à effectuer, que dans son écriture que je vais travailler jusqu'à en être entièrement satisfait.
 Je prendrai aussi le temps cette fois-ci de solliciter l'intégralité des maisons d'édition à compte d'éditeur dont le catalogue correspond à mon projet. Ce sera un gros travail de prospection ciblée. J'attendrai jusqu'à la fin des délais annoncés, nous avons vu qu'il peut s'écouler 6 mois avant d'obtenir une réponse positive.
 Ceci ne m'empêchera pas de disséquer les contrats que l'on me proposera éventuellement, notamment les points qui concernent la propriété intellectuelle de l'œuvre (c'est la vôtre dans tous les cas), la cession des droits d'auteur (vous ne cédez que les droits d'exploitation pour que l'éditeur ait le droit de diffuser votre livre), les moyens mis en œuvre pour assurer la promotion du livre, la rémunération de l'auteur (définie dans le contrat de cession des droits d'auteur) : une expérience dans l'autoédition permet de comprendre rapidement les rouages de la publication et de la promotion.
 Et justement, je pourrai me prévaloir d'une bibliographie, certes courte, mais existante et possible à évaluer. Rappelons que l'éditeur assumera le risque

financier de publier votre livre : il faudra le convaincre qu'il pourra gagner de l'argent dans cette affaire.

  Si d'aventure mon projet littéraire ne rencontrait pas d'accueil favorable auprès d'une maison d'édition à compte d'éditeur, je réitèrerais l'aventure de **l'autoédition**.
L'autoédition, c'est une mine de talents : on y trouve des auteurs autodidactes qui doivent exceller dans tous les aspects du métier : savoir écrire, savoir publier, savoir promouvoir son livre. Certains y ont pris goût, par soif de liberté, parcequ'ils tiennent à conserver la main sur toutes ces étapes, parcequ'ils ne veulent pas céder leurs droits d'auteur, parcequ'ils arrivent à vendre correctement via les librairies en ligne. Un auteur prolixe finira peut-être par devenir visible s'il a du talent. S'il n'a planté qu'un arbre, il sera perdu, noyé au milieu de l'immense forêt Amazonienne. N'oublions pas ces chiffres : Amazon France propose plus de 800 000 livres sur son site, dont 625 000 en langue française.
  Lorsqu'un auteur propose une gamme d'ouvrages, il a plus de chance d'attirer l'attention du promeneur curieux. Je connais des auteurs d'une dizaine de romans dont la réputation locale est fortement établie, au point de devenir perceptible au-delà de leur département ou région : de salons en actualités, d'articles de presse en interviews, le succès finit par arriver à force de talent et de persévérence : l'autoédition n'est pas une impasse, vous ne serez pas à l'abri du succès si vous y mettez l'énergie et l'enthousiasme nécéssaires.

Enfin, il existe la possibilité de **l'édition à compte d'auteur**. Tout le monde n'a pas les compétences d'un imprimeur, le temps nécessaire pour se vouer au métier d'agent littéraire, ou l'envie de s'investir dans les activités annexes à l'écriture. On a le droit d'être réservé, de vouloir seulement écrire sans avoir à s'exposer sur la place publique. Tout le monde n'a pas pour objectif non plus de rencontrer le succès, on écrit parfois pour ses proches, pour transmettre, pour défendre une cause, pour se faire plaisir.

Dans ce cas il est possible de s'offrir la sortie de son livre comme on s'offre un beau cadeau, en payant les frais de publication et de promotion. Le seul risque c'est que la partie promotion ne soit pas à la hauteur de vos attentes : certaines maisons pourraient se contenter du chèque que vous leur ferez.

Attention là encore, personne n'est à l'abri du succès : n'oublions pas qu'à leur époque, même si elle était très différente, Marcel Proust, Arthur Rimbaud ou Paul Verlaine ont pu publier grâce à des libraires qui éditaient contre paiement de l'impression : le principe de l'édition à compte d'auteur ne date pas d'aujourd'hui.

Cette option ne sera pas la mienne mais encore une fois, elle a le mérite d'exister.

Il ne vous reste plus qu'à faire votre choix de mode d'édition en connaissance de cause, en toute lucidité et en vous réjouissant qu'aujourd'hui, transformer son manuscrit en livre est presque toujours réalisable, à condition bien sûr d'être un auteur motivé.

Printed in Poland
by Amazon Fulfillment
Poland Sp. z o.o., Wrocław